Nabila Tatah

Les compétences de la compréhension de l'écrit en classe de FLE

AF152075

Nabila Tatah

Les compétences de la compréhension de l'écrit en classe de FLE

Réceptivité du texte littéraire chez les apprenants de Terminale

Éditions universitaires européennes

Impressum / Mentions légales

Bibliografische Information der Deutschen Nationalbibliothek: Die Deutsche Nationalbibliothek verzeichnet diese Publikation in der Deutschen Nationalbibliografie; detaillierte bibliografische Daten sind im Internet über http://dnb.d-nb.de abrufbar.
Alle in diesem Buch genannten Marken und Produktnamen unterliegen warenzeichen-, marken- oder patentrechtlichem Schutz bzw. sind Warenzeichen oder eingetragene Warenzeichen der jeweiligen Inhaber. Die Wiedergabe von Marken, Produktnamen, Gebrauchsnamen, Handelsnamen, Warenbezeichnungen u.s.w. in diesem Werk berechtigt auch ohne besondere Kennzeichnung nicht zu der Annahme, dass solche Namen im Sinne der Warenzeichen- und Markenschutzgesetzgebung als frei zu betrachten wären und daher von jedermann benutzt werden dürften.

Information bibliographique publiée par la Deutsche Nationalbibliothek: La Deutsche Nationalbibliothek inscrit cette publication à la Deutsche Nationalbibliografie; des données bibliographiques détaillées sont disponibles sur internet à l'adresse http://dnb.d-nb.de.
Toutes marques et noms de produits mentionnés dans ce livre demeurent sous la protection des marques, des marques déposées et des brevets, et sont des marques ou des marques déposées de leurs détenteurs respectifs. L'utilisation des marques, noms de produits, noms communs, noms commerciaux, descriptions de produits, etc, même sans qu'ils soient mentionnés de façon particulière dans ce livre ne signifie en aucune façon que ces noms peuvent être utilisés sans restriction à l'égard de la législation pour la protection des marques et des marques déposées et pourraient donc être utilisés par quiconque.

Coverbild / Photo de couverture: www.ingimage.com

Verlag / Editeur:
Éditions universitaires européennes
ist ein Imprint der / est une marque déposée de
OmniScriptum GmbH & Co. KG
Bahnhofstraße 28, 66111 Saarbrücken, Deutschland / Allemagne
Email: info@editions-ue.com

Herstellung: siehe letzte Seite /
Impression: voir la dernière page
ISBN: 978-3-8416-6716-8

A la mémoire de mon père Abdelhamid,

de ma sœur Fahima,

et de mon frère Mohamed.

SOMMAIRE

INTRODUCTION

PREMIERE PARTIE
CHAPITRE I

CHAPITRE II

INTRODUCTION

INTRODUCTION

Le cadre institutionnel du français en Algérie

La situation sociolinguistique complexe de l'Algérie, révèle que la langue française est partout présente aux côtés du berbère avec toutes ses variétés, de l'arabe dialectal et de l'arabe « standard » ou littéral. L'idiome auquel nous accorderons particulièrement notre attention dans notre recherche, est le français, dont nous retraçons quelques étapes clés.

Avec la colonisation de l'Algérie en 1830, le français est progressivement institué langue officielle de la colonie. Dans le secteur de l'éducation, le français est enseigné comme langue maternelle tandis que la langue arabe est renvoyée au statut de « langue étrangère ». Mais à cette époque, la langue française est historiquement présente dans une ambivalence radicale, puisqu'elle y fut véhicule d'oppression coloniale et de dépersonnalisation, mais aussi langue d'ouverture.

Au lendemain de l'indépendance, l'Etat algérien, proclame l'arabe au rang de langue officielle et le français est défini comme langue étrangère à *« statut privilégié »*. Nous citerons à cet effet les propos du président feu H. Boumediene : *« Elle n'est qu'une langue étrangère qui bénéficie d'une situation particulière du fait des considérations historiques objectives».*[1]

Au plan législatif, l'ordonnance n° 76/35 du 16 Avril 1976 qui régit l'organisation de l'éducation et de la formation définit clairement la place qui doit être réservée à l'enseignement du français au sein de l'école algérienne : « *Le français défini comme moyen d'ouverture sur le monde extérieur, doit permettre à la fois l'accès à une documentation scientifique, mais aussi, le développement des échanges entre les civilisations et la compréhension mutuelle entre les peuples ».*

En effet, l'impact de la domination linguistique coloniale ainsi que la politique linguistique (planification) qui a été menée depuis l'indépendance (plus de quarante ans), ont fait du français la première langue étrangère à jouir d'un « statut » de co-officialité.

---

1 « *Conférence Nationale sur l'arabisation, 14 Mai 1975* », article publié par la Revue Révolution Africaine, n°588.

Ce « statut » de langue véhiculaire, a permis par ailleurs jusqu'aux années quatre vingt, une grande diffusion de la langue française notamment dans les médias, l'audio visuel et surtout au niveau de la scolarisation.

Pour MORSLY. D « *Cette absence de référence explicite au français traduit la volonté de le renvoyer à un statut de langue étrangère, alors que les pratiques linguistiques réelles en français sont plus étendues que celles que l'on relève généralement pour les langues étrangères, le syntagme langue étrangère est impuissant à rendre compte de la position du français en Algérie* ».[1]

CHERRAD[2] L.Y trouve que sur le plan institutionnel, le français est défini comme une langue étrangère. Mais ce statut officiel reste théorique et fictif. En effet jusque dans les années 1970, le champ linguistique se caractérise par une forte prééminence de l'usage de la langue française, qui reste dominante dans les institutions administratives et économiques. Celle-ci remplissait le rôle de langue de scolarisation, d'information scientifique, de communication et de fonctionnement de plusieurs institutions de l'Etat. Dans le parcours scolaire, Le français est enseigné dès le primaire, comme langue obligatoire.

Mais avant son entrée à l'école, l'enfant algérien se voit soumis très tôt, à une situation linguistique très hétérogène et très contraignante caractérisée par la multiplicité des idiomes (arabe dialectal, tamazight, arabe standard, français). Ce plurilinguisme, qui constitue en soi une richesse culturelle de par la diversité linguistique de la communauté, devient un handicap majeur pour l'enfant. En effet, lorsque ce dernier affronte l'univers scolaire dans une situation de plurilinguisme, il est constaté un écart linguistique entre la langue de l'école et celle de la maison.

Or pour CHERRAD.Y, « *la complexité de la situation linguistique algérienne réside moins dans l'hétérogénéité linguistique que dans la contradiction très forte entre le « théorique » c'est –à- dire les normes officielles (im)posées par le discours idéologique du pouvoir et l'usage réel « in vivo » des différentes langues en présence* ».[3]

---

1 - MORS LY. D, (1984), « *La langue étrangère : réflexion sur le statut de la langue française en Algérie* », le Français dans le Monde n°189, p 25.
2- CHERRAD-BENCHEFRA, L Y. (2002), Le français en Algérie, DUCULOT, p 36.
3- CHERRAD-BENCHEFRA, L Y. Ibid, p 69.

En effet, on peut donc affirmer que l'aménagement linguistique, qui est une opération qui nécessite un large consensus, doit être pris en charge non seulement par le gouvernement mais aussi par la société civile en vue de l'enseignement formel et informel des langues. Aménager l'espace linguistique est donc plus qu'un projet de linguistes ou de didacticiens, mais c'est un projet de société.

Dans la formation scolaire et universitaire, on relève que le français n'a pas cessé de varier au gré des variations que subit la politique linguistique du pays. Au niveau de l'institution scolaire, depuis 1974 et jusqu'au début des années 90, le français est introduit d'abord en deuxième année, puis en troisième et enfin en quatrième année primaire. Aujourd'hui, dans le cadre du projet de réforme du système éducatif, il est réintroduit dès la deuxième année primaire. Le français, est par ailleurs, institué tout au long du cursus scolaire et universitaire, comme langue enseignée ou comme langue de travail d'appoint, notamment pour la documentation scientifique et technique.

On note que certaines disciplines universitaires, scientifiques et technologiques (médecine, pharmacie, chirurgie dentaire, sciences vétérinaires, informatique architecture, génie civil, génie mécanique, etc.), ont conservé le français comme seule langue de travail et d'acquisition de savoirs. Au niveau des médias, on relève aussi que les publications d'expression française sont assez largement diffusées.

Malgré toutes les dispositions législatives et les réaménagements linguistiques et culturels, il est évident que l'histoire de la langue française en Algérie, demeure une histoire conflictuelle avec la langue arabe. À travers cette rivalité, s'expriment des enjeux à la fois politiques et idéologiques qui partagent d'un côté, les partisans d'une arabisation à outrance et de l'autre, les partisans d'une forme de bilinguisme équilibré ; enjeux confirmés d'ailleurs par la déclaration du Président A. Bouteflika lors du IX sommet de la francophonie[1] en 2002 à Beyrouth : « *Le français est un atout, pas une menace* ».[2]

1-Deuxième pays francophone après la France, l'Algérie, malgré les sollicitations des pays membres de l'Organisation Internationale de la Francophonie, n'a toujours pas adhéré à ce mouvement.
2-L'Humanité, quotidien d'information, Edition du 21 Octobre 2002.

Cette situation paradoxale a par conséquent, contribué à construire des représentations sociales de la langue française, elles aussi contradictoires : tantôt dénoncée comme langue du colonisateur, tantôt perçue comme langue de la promotion sociale, comme langue d'ouverture sur le monde occidental, sur la culture universelle. Mais, il est connu que dans tous les pays anciennement colonisés, le rapport langue maternelle / langue étrangère est un rapport conflictuel de surface masquant en réalité un antagonisme identitaire entre la culture du colonisateur et celle du pays conquis.

Toujours à ce propos, CHERRAD[1] Y. considère que l'ambivalence linguistique arabe / français qui a prévalu de 1962 à 1979, se transforme à partir des années 1980 et jusqu'à ces jours, pour des raisons idéologiques, en rapport antagoniques. Entre les sphères linguistiques arabophones et francophones, le fossé s'accroît donc davantage. La complémentarité des élites arabisantes et francisantes qui a prévalu dans les premières décennies de l'indépendance se transforme en rivalité et en opposition. Cet antagonisme entretient la confusion au sein des enseignants qui sont eux-mêmes les acteurs de ces enjeux. Car ils doivent gérer non seulement, leurs propres représentations, c'est-à-dire les représentations qu'ils se font de leur métier d'enseignant de français et la façon dont ils conçoivent leur rôle de passeurs de langues, mais aussi celles de leurs élèves, héritées de leur environnement social et familial.

Toutefois, il existe divers vecteurs de français au sein des différentes couches de la société algérienne. Le système éducatif, la cellule familiale, les médias et certaines institutions économiques sont les lieux privilégiés qui, en permettant une certaine diffusion de cette langue, favorisent son appropriation par les sujets parlants. Cette appropriation est susceptible d'emprunter plusieurs canaux, avant que son enseignement ne soit assuré par l'école. L'environnement immédiat la rue, la famille proche ou élargie, les médias (surtout la télévision), certains documents en rapport avec la vie quotidienne sociale et économique du locuteur, constituent les multiples supports (formels ou informels) de l'acquisition du français.

1- CHERRAD-BENCHEFRA, Y. Op.Cit, p 69.

Plan de la recherche

Le travail de recherche que nous envisageons de présenter s'articulera autour de deux parties composées chacune de deux chapitres.

La première partie sera consacrée à la réflexion sur les moyens de la didactique mis en œuvre d'une manière générale, dans l'enseignement / apprentissage du FLE. Et, là, nous mettrons particulièrement l'accent sur certains aspects, mis en pratique dans le système éducatif algérien.

La deuxième partie quant à elle, prendra en charge l'activité de classe dans la compréhension de l'écrit du texte littéraire et la pratique d'une expérimentation que nous avons réalisée dans deux classes de terminale.

Par le biais d'une évaluation, nous essayerons dans une première étape, d'analyser les niveaux de compétence des élèves dans le domaine de la réception de l'écrit. Dans une seconde étape, nous nous proposons d'identifier et d'analyser les principales difficultés liées à la compréhension du texte littéraire, dans les productions de l'écrit des élèves.

PREMIERE PARTIE

CHAPITRE I

CHAPITRE I

Le français langue étrangère

1. Essai de définition de concepts
   1.1 Langue étrangère
   1.2 Langue seconde

2. L'enseignant stratégique

3. Vers une nouvelle épistémologie
   3.1 Evolution du concept d'apprenant
   3.2 Conditions d'apprentissage et motivation de l'apprenant
      3.2.1 L'attribution des causes de réussite ou d'échec d'une tâche
      3.2.2 La conception de l'intelligence
      3.2.3 La perception des buts poursuivis par l'école ou par l'enseignant

4. L'impact des approches didactiques dans l'enseignement/apprentissage d'une langue étrangère

5. Quelques approches didactiques en classe de langue
   5.1 La méthodologie traditionnelle
   5.2 La méthodologie directe
   5.3 La méthodologie audio-orale
   5.4 La méthodologie structuro-globale audio-visuelle

6. Les lignes de Force de l'approche commmunicative
   6.1 A l'origine de l'approche communicative : des besoins
   6.2 La centration sur l'apprenant
   6.3 Le document authentique
   6.4 La compétence de communication

CHAPITRE I

Le français langue étrangère

L'un des grands axes *des réformes* [1] introduites en Algérie à l'aube du 21ème siècle, est la redynamisation du français non seulement dans les contextes d'apprentissage et de formation, mais aussi dans les médias. Au niveau du système éducatif, on assiste depuis la rentrée scolaire 2003/2004, à la mise en place de grandes réformes. En effet, cette année a vu l'ajout d'une année dans le cycle moyen, (quatre années au lieu de trois). Par ailleurs, l'introduction de l'anglais se fait dès la première année moyenne (au lieu de la deuxième). Une place plus importante est accordée à l'enseignement de tamazight. Et, dans le cycle primaire, de nouvelles matières sont introduites et de nouveaux manuels ont vu le jour.

A partir de l'année scolaire 2004/2005 le français est introduit dès la deuxième année du primaire alors qu'auparavant, cet apprentissage était programmé en quatrième année. Tous ces changements sont consécutifs aux travaux d'une Commission Nationale pour la Réforme de l'Education installée officiellement par le président de la République Algérienne en mai 2000. Sa mission essentielle consistait à évaluer le système éducatif au niveau de chaque palier et de proposer une refonte totale : principes généraux, objectifs, stratégies et échéanciers de mise en œuvre graduelle de la nouvelle politique éducative.

1- Le Français dans le Monde « *Algérie : un système éducatif en mouvement* » Novembre –décembre 2003 n°330.

1. Essai de définition de concepts

1.1 Langue étrangère

C'est le français langue d'apprentissage pour tous ceux qui ont une autre langue que le français comme langue maternelle. Le F.L.E, peut être aussi la langue dans laquelle un étudiant non francophone suit ses études. DABENE.[1]L, appelle langue étrangère : « *La langue maternelle d'un groupe humain dont l'enseignement peut être dispensé par les Institutions d'un autre groupe, dont elle n'est pas la langue propre* ».

GERMAIN Claude, présente quant à lui, différentes conceptions pédagogiques de *la langue* [2]:
« *Une langue peut être conçue soit comme un objet d'étude, soit comme un moyen de communication, soit comme un moyen d'enseignement. Elle est conçue comme objet d'étude lorsqu'elle est vue avant tout, en tant que l'apprentissage d'un métalangage. Elle est conçue comme un moyen de communication lorsqu'elle est vue comme le développement d'une habileté à communiquer. Enfin, elle est conçue comme un moyen d'enseignement, lorsqu'elle est utilisée pour faire acquérir, simultanément, d'autres matières scolaires* ».

Dans le contexte sociolinguistique complexe de l'Algérie, on peut considérer que la langue française remplit chacun des paramètres suscités : elle est conçue comme objet d'étude, comme moyen de communication et comme moyen d'enseignement, toutefois elle l'est avec des degrés variables. Par conséquent, une question se pose : le français est-il réellement une langue étrangère ?

1- DABENE, L., (1994), Repères sociolinguistiques pour l'enseignement des langues, Editions HACHETTE, p 29.
2- GERMAIN, C., et NETTEN, J. (2004). La précision et l'aisance en FLE/FL2 : définitions, types et implications pédagogiques. *Cahiers du français contemporain* .

1.2 Langue seconde

La situation scolaire d'apprentissage d'une langue seconde[1] se caractérise par une ambiguïté pouvant aller jusqu'à la contradiction, entre objectifs explicites et implicites, entre objectifs explicites et mise en œuvre pédagogique. Ainsi le but idéal, le plus souvent explicité de l'enseignement d'une langue, est, l'acquisition d'un moyen de communication

Il s'agit donc, d'une acquisition qui aurait son utilité hors de l'école. Cependant, le cadre institutionnel dans lequel s'inscrivent ces pratiques pédagogiques et méthodologiques, place la langue au rang d'une discipline scolaire, que ce soit dans la conception même du savoir qu'elle constitue, ou dans la soumission de ce savoir à l'évaluation.

C'est ainsi qu'apparaissent des contraintes qui touchent non seulement à la présentation de matériaux linguistiques, mais aussi au processus d'apprentissage mis en place :
- Le « savoir linguistique » est, par exemple, découpé en unités organisées selon le principe d'une progression, généralement du simple au complexe, et le plus souvent consignées dans un manuel.
- La langue est conçue comme un ensemble de règles syntaxiques dont la maîtrise permet l'utilisation.
- L'écrit est survalorisé par rapport à l'oral qui est par contre, moins facilement évaluable.

Ainsi, la présentation progressive des éléments soumis à l'acquisition scolaire de la langue est un exemple de la façon dont la situation confère une spécificité à l'apprentissage d'une langue seconde, ce qui est vraisemblablement différent dans l'acquisition naturelle car dans ce cas, l'apprenant est toujours en présence de données linguistiques. L'acquisition de la langue se fait sous la forme d'une appropriation progressive par l'apprenant grâce au processus de communication. Pour Bautier-Castaing. E et Hebrard. J,[2] la langue seconde pourrait se caractériser par le fait qu'elle est toujours découverte et construite sur la base d'un fonctionnement langagier déjà

1- Par langue seconde, on vise l'enseignement du français qui, dans le contexte algérien, est la deuxième langue enseignée après l'arabe standard.
2- GALISON, R., (1980), Lignes de force du renouveau actuel en didactique des langues étrangères. CLE International, p 81.

mis en place et déjà pourvu de ses caractéristiques propres. C'est aussi une langue qui est de fait, massivement travaillée par une activité didactique (classe de langue et usage des méthodes commercialisées pour le grand public).

En Algérie, la situation est plus complexe puisque la langue seconde peut désigner l'une des langues en présence (par exemple l'apprentissage du berbère pour les arabophones et inversement, l'apprentissage de l'arabe pour les berbérophones), sans pour autant que celle-ci jouisse d'un statut de langue étrangère.

2. L'enseignant stratégique

La maîtrise des notions théoriques acquises en formation initiale est essentielle mais les qualités personnelles ainsi que les compétences de l'enseignant le sont tout autant. Il est évident que ces compétences entretiennent, dans le cadre de l'acte pédagogique (enseignement / apprentissage) la nature de ses contacts avec les apprenants, ses capacités d'écoute et de réponse, ses qualités de formateur, sa disponibilité. Et les résultats obtenus en dépendent pour beaucoup. Cependant, il convient de souligner que c'est dans la pratique quotidienne de la classe que ces compétences s'acquièrent. La notion de compétence désignera ici, selon L. D'Hainaut *« Un ensemble de savoirs, de savoir-faire et de savoir-être »*[1].

L'enseignant de français langue étrangère met en œuvre *des compétences professionnelles*[2] qui s'organisent selon le référentiel suivant :
- Les compétences disciplinaires
- Les compétences relatives aux situations d'apprentissage
- Les compétences d'animateur
- Les compétences dans le domaine de la législation scolaire.[3]

1- D'HAINAUT. L., Des fins aux objectifs de l'éducation, Bruxelles, Labor, 1985, cité par RAYNAL. F. RIEUNIER. A., Pédagogie, dictionnaire des concepts clés, ESF Editeur, 2001, p39.
2- PERRENOUD. Ph., (1999), *Dix nouvelles compétences pour enseigner*, Paris, ESF, p17
3- Direction de l'Enseignement Secondaire Général, *document d'accompagnement du ministère algérien de l'éducation nationale.*

Au niveau des compétences disciplinaires, l'enseignant de français doit posséder une connaissance et une maîtrise satisfaisante de la communication orale et écrite, maîtrise qu'il doit développer également comme outil opératoire dans une démarche d'enseignement / apprentissage. De plus, il est censé avoir une connaissance globale des principes fondamentaux qui présupposent cet enseignement. Mais, il convient de rappeler que ce niveau de savoir et de savoir-faire professionnel ne pourrait être opératoire que si l'enseignant fournit un effort de recherche sérieux et constant. Cette attitude aura pour finalité de remédier aux insuffisances liées à la formation initiale et de permettre à l'enseignant « non spécialiste » l'acquisition d'un savoir disciplinaire et d'un savoir-faire professionnel.

Dans les situations d'apprentissage, il est attendu de l'enseignant de langue d'être capable de : maîtriser les contenus du programme ; d'organiser des situations d'apprentissage ; de gérer la progression des apprentissages et de concevoir et faire évoluer les dispositifs de différenciation, ce qui signifie qu'il doit gérer dans son enseignement, l'hétérogénéité des niveaux. En tant qu'animateur, l'enseignant a pour rôle de construire et de planifier des séquences didactiques ; de travailler à partir des représentations des apprenants ; de travailler à partir des erreurs et des obstacles à l'apprentissage et surtout d'engager les apprenants dans des activités de recherche.

Dans le contexte actuel, la société attend que l'enseignant se situe par rapport à tous ces changements intervenus dans le monde : l'essor économique, la mondialisation, la place qu'occupe l'éducation dans la vie sociale ainsi que dans les destinées individuelles. De ce fait, il ne peut plus concevoir son métier uniquement à l'intérieur de l'école mais doit aussi s'impliquer dans la résolution de certains problèmes sociaux qui surgissent au sein de l'établissement. Néanmoins, son rôle majeur est de faire acquérir à ses élèves un savoir, un savoir-faire et un savoir-être.

Dans le domaine de la législation scolaire, les responsabilités de l'enseignant s'exercent dans le cadre des textes qui régissent le système éducatif. Aussi, doit-il identifier les valeurs qui en découlent ; connaître ses droits et ses devoirs en se reportant aux principaux textes de référence. Ce qui lui permettra sans nul doute, d'acquérir une connaissance et une maîtrise des finalités du système éducatif. Toutefois, ces compétences une fois acquises, demanderont néanmoins à être consolidées tout au long de la carrière.

Selon Jacques Tardif, *l'enseignant stratégique*[1] est un penseur, un preneur de décisions, un motivateur, un médiateur et un entraîneur.

L'enseignant est d'abord un penseur. A ce titre, il est un expert en continu : il tient compte non seulement des connaissances antérieures de l'élève, de ses perceptions et de ses besoins, mais aussi des objectifs du programme ou du curriculum, des exigences des tâches proposées et de l'utilisation effective de stratégies d'apprentissage appropriées. Il s'assure que le matériel qu'il met à la disposition des élèves est adéquat et pertinent en vue d'assurer un transfert des connaissances à l'extérieur de la salle de classe. Il se peut qu'il écarte même un matériel publié ou qu'il en modifie les séquences.

L'enseignant est un preneur de décision. Il est tout le contraire d'un technicien qui se contente de suivre à la lettre les prescriptions d'une méthode ou d'un manuel. Son objectif étant que l'élève devienne autonome le plus rapidement possible, l'enseignant stratégique prend des décisions quant au contenu, aux séquences de présentation, il appréhende les erreurs que pourrait commettre l'élève et il prévoit des exemples et des contre exemples afin de le contrecarrer (l'erreur fait partie de la construction du savoir et de l'acquisition de compétences).

En vue de soutenir la motivation, l'enseignant rend évident pour l'élève la pertinence personnelle, sociale ou professionnelle des activités qu'il a choisies et leur lien avec le monde réel, à l'extérieur de la classe, où l'élève aura à réutiliser les connaissances et les habiletés acquises. Il insiste auprès des élèves afin de bien leur faire comprendre que son but est de les aider à apprendre, à acquérir des connaissances et des compétences.

1- TARDIF, J., (1992), Pour un enseignement stratégique : l'apport de la psychologie cognitive. Montréal, Editions logiques. Cf: http://www.unige.ch/fapse/SSE/groups/life/livres/alpha/T/Tardif_1992_A.html

L'enseignant a également un rôle de médiateur. Il discute avec l'élève de sa perception de la difficulté de la tâche, de ses chances à réussir et des facteurs qui peuvent soit y contribuer, soit y nuire. Il rappelle à l'apprenant ses connaissances ou ses expériences antérieures qui peuvent être mises à profit pour l'accomplissement d'une tâche donnée. Ainsi, il amène l'élève à prévoir les difficultés et à planifier les solutions.

Enfin, l'enseignant a un rôle d'entraîneur. L'apprenant est un apprenti et l'entraîner signifie le placer dans des situations où il aura à exécuter des tâches complètes et signifiantes. Les pratiques pédagogiques ont été enrichies (dans les années 80-90) par l'approche communicative, qui a mis en lumière l'importance d'un apprentissage langagier signifiant pour l'élève. Il faut bien sûr travailler la forme, mais l'élève doit surtout être placé dans des situations de résolution de problèmes, devant des tâches complètes et aussi proches que possibles du réel.

3. Vers une nouvelle épistémologie

3.1 Evolution du concept d'apprenant

Ce substantif est apparu pour la première fois dans le discours de la didactique des langues étrangères autour de 1970, il a été longtemps considéré comme un barbarisme synonyme d'enseigné ou d'élève. Cette perception reflétait une vision passive du rôle de l'individu qui est conçu comme le récepteur d'informations fournies unilatéralement par une autre personne, l'enseignant. « *Apprenant : personne qui suit un enseignement* ».[1]

A partir des années 1970, on a progressivement rendu à l'apprenant ce qui lui revient : sa psychologie individuelle ; de sujet passif, l'apprenant est transformé en vecteur du processus d'apprentissage. Cette centration sur l'apprenant doit beaucoup à la revalorisation de l'individu en psychologie et en sciences de l'éducation. Ceci a eu pour répercussion la redéfinition du rôle de l'apprenant et de sa relation socio- pédagogique avec l'enseignant. Cette évolution conduit vers une prise en compte des différences

---

1 - Petit Larousse, 1997.

individuelles aux niveaux cognitifs (pensées, croyances et représentations, besoins et motivations, style et stratégies d'apprentissage et métacognitives) ; et linguistiques (interlangue, objectifs communicatifs).

Actuellement, on assiste à une extension du concept d'apprenant. En effet celui-ci est perçu comme un acteur social possédant une identité personnelle, et l'apprentissage comme une forme de médiation sociale. L'apprenant construit le savoir et les compétences qu'il cherche dans et par le discours en interaction avec autrui.

Pour VIGOTSKI, théoricien et psychologue soviétique, « *Il ne peut y avoir de développement individuel que par le biais de la socialisation* ».[1] L'apprentissage est donc, d'abord par définition, un fait social. Pour ce théoricien, « *L'apprentissage à l'école est dans une très grande mesure fondé sur l'imitation. En effet, l'enfant apprend à l'école non pas ce qu'il sait faire tout seul, mais ce qu'il ne sait pas encore faire, ce qui lui est accessible en collaboration avec le maître et sous sa direction* ».[2]

3.2 Conditions d'apprentissage et motivation de l'apprenant

Une des principales caractéristiques de l'approche cognitive, c'est de mettre le sujet apprenant au cœur du processus d'apprentissage. On considère que l'apprenant est loin d'être vierge de toute connaissance. Il véhicule des préjugés, des préconceptions ou des connaissances fragmentaires, concernant l'univers culturel lié à la langue qu'il va apprendre, et la manière d'apprendre elle-même : *ces représentations*[3] (c'est- à - dire l'image qu'il se fait d'un domaine, d'une notion ou d'une activité, et qui oriente sa pratique sociale ou intellectuelle), peuvent selon les cas, l'aider dans son apprentissage ou y faire obstacle.

L'enseignant attend des élèves qu'ils soient motivés, or ce n'est vraisemblablement pas le cas de tous. La motivation correspond à ce que l'on veut faire par opposition à l'habileté ou à la compétence qui correspond à ce que l'on sait faire. On peut donc être parfaitement

---

1-VIGOTSKI L., *Pensée et langage*, 1934, trad.franç.1985, Edit. Sociales / Messidor, p273, cité par RAYNAL.F. RIEUNIER A., *Pédagogie, dictionnaire des concepts clés*, ESF Editeur, 2001, p39.
2- Ibid.
3 - PENDAUX. M., (1998), Les activités d'apprentissage en classe de langue, HACHETTE F.L.E p11

capable de faire quelque chose, et choisir de ne pas le faire, car rien ne nous motive.

De nombreux travaux en sociolinguistique ont permis d'élaborer la définition suivante : *« La motivation en contexte scolaire est un état dynamique qui a ses origines dans les perceptions qu'un élève a de lui-même et de son environnement et qui l'incite à choisir une activité, à s'y engager, et à persévérer dans son accomplissement afin d'atteindre un but ».*[1]

Dans *la théorie de l'attribution causale,* [2] Crahay considère qu'il y a trois paramètres qui influent sur la motivation des élèves :

- *L'attribution des causes de réussite ou d'échec d'une tâche.*
- *La conception de l'intelligence.*
- *La perception des buts poursuivis par l'école ou par l'enseignant.*

3.2.1 L'attribution des causes de réussite ou d'échec d'une tâche

Les élèves auront tendance à trouver des causes à leurs réussites ou leurs échecs. Cette perception des causes de réussite ou d'échec d'une activité qu'on propose de faire à l'élève, joue un rôle important dans la motivation. Ces causes peuvent être analysées en trois catégories : *le lieu de la cause* qui peut être *interne,* lorsque l'élève attribue sa réussite ou son échec à un facteur qui lui est propre (talent, effort aptitude intellectuelle, fatigue, méthode de travail, etc.) ou *externe*, dans le cas contraire (qualité ou lourdeur du programme, difficulté de l'épreuve, compétence des enseignants, etc.).

Une cause sera *stable* lorsqu'elle est permanente aux yeux de l'élève, variable ou *instable* lorsqu'elle lui paraîtra pouvoir varier avec la durée (par exemple l'humeur de l'enseignant ou divers aléas). Une cause sera *contrôlable* lorsque l'élève considère qu'il est l'acteur principal de ce qui s'est produit. Elle sera *incontrôlable* dans le cas contraire (il pense n'avoir aucun pouvoir sur ce qu'il lui advient). Ce sont donc ces trois paramètres qui se combinent pour donner les causes de réussite ou d'échec.

1- VIAU, R.., (1997), *La motivation en contexte scolaire.* Bruxelles : De Boeck, 2°éd. p 7.
2 -CRAHAY, M., (1999), *Psychologie de l'éducation.* Paris : PUF.p 283.

3.2.2 La conception de l'intelligence

Des études expérimentales ont confirmé l'idée que la conception de l'intelligence (mesurable par des tests de QI) influe sur la motivation et le travail scolaire. En effet, certains élèves ont tendance à éviter d'entreprendre des tâches qui comportent un certain risque d'échec, afin de conserver une image auprès de leurs camarades. Ceux qui réussissent le mieux attribuent leurs succès aux efforts qu'ils fournissent et à leurs capacités intellectuelles, alors qu'ils attribuent leur échec à des causes internes, modifiables et contrôlables comme l'effort.

3.2.3 La perception des buts poursuivis par l'école ou par l'enseignant.

Au cours de leur scolarité, les élèves se construisent une représentation du système scolaire, de ses normes, de ses buts, et des manières de s'y comporter. Cette représentation est construite par les multiples échanges qu'ils ont dans leur environnement social composé de leurs parents, leurs enseignants et de leurs camarades. De plus, cette stratégie évolue avec le temps. Si l'élève pense que l'école est faite pour sélectionner et évaluer, la stratégie de cet élève sera une stratégie de défense, d'évitement : fuir les tâches difficiles. De même, toute l'énergie de l'élève va être consacrée à la validation des compétences existantes, plutôt qu'à l'acquisition de nouvelles compétences. Ce type d'élève va donc avoir tendance à attribuer sa réussite ou son échec à des causes externes (devoir trop facile/difficile). Quant à l'élève qui pense que l'école a pour but de favoriser les apprentissages, il va tenter de réussir de nouvelles activités et de ce fait, progresser. Dans ce cas, il attribuera sa réussite à des causes internes, ou externes, mais évolutives.

4. L'impact des approches didactiques dans l'enseignement/apprentissage d'une langue étrangère

On peut dire que les objectifs d'apprentissage d'une langue étrangère ont énormément varié depuis la méthodologie traditionnelle jusqu'à celle(s) en vigueur aujourd'hui.

En effet, du 19ème siècle à ce jour, différentes méthodologies se sont succédées, les unes se présentaient comme une adaptation aux nouveaux besoins de la société, les autres étaient en rupture avec les précédentes. Mais, on ne peut pas définir d'une manière précise la succession chronologique de ces différentes méthodologies, étant donné que certaines ont cohabité avec d'autres avant même de s'imposer en tant que telle.

Pour contribuer plus loin, à mieux décrire le contexte pédagogique de l'enseignement / apprentissage du FLE en Algérie, nous pensons qu'il est important de proposer d'abord, une synthèse des différentes méthodologies qui ont marqué l'enseignement des langues étrangères en général.

5. Quelques approches didactiques [1] en classe de langue

5.1 La méthodologie traditionnelle

La méthodologie traditionnelle, qui est également appelée méthode classique ou méthode grammaire- traduction, est apparue dès la fin du 16ème siècle. Contestée au 18ème siècle, elle a connu son plein épanouissement au 19ème siècle. Cette méthode était calquée sur le modèle des langues mortes - latin et grec -. Son but essentiel était la lecture et la traduction des textes littéraires en langue étrangère, ce qui plaçait donc l'oral au second plan.

Henri Besse[2] considère cette méthode comme inefficace puisque la compétence grammaticale des apprenants était limitée et les phrases proposées pour l'apprentissage étaient souvent artificielles. Cette méthode sera certes remise en question, mais elle coexistera tout de même, jusqu'à la fin du 19ème siècle avec la méthode naturelle.

1-TAGLIANTE, Christine. (1994) *La classe de langue*, CLE international, Paris, pp 31-32.

2- BESSE, H. et GALISSON, R. (1980), Polémique en didactique : du renouveau en question, Paris, CLE International. Cf : http://www.uned.es/ca-tudela/revista/n001/art_8.htm

5.2 La méthodologie directe

Cette méthodologie a provoqué une certaine révolution en s'opposant radicalement à la méthode traditionnelle. Dès la fin du 19ème siècle, la France désirait s'ouvrir sur l'étranger. Aussi, La société avait besoin d'un outil de communication pour favoriser le développement des échanges économiques, politiques, culturels et touristiques de l'époque.

Au niveau de l'enseignement, plutôt que d'expliquer, d'analyser un texte écrit et de le traduire, on présentait la langue sous sa forme orale, et on s'interdisait d'avoir recours à la langue maternelle (L.M). On enseignait directement la langue étrangère (L.E) en s'appuyant sur les gestes, les mimiques, les images et sur l'environnement immédiat de la classe. Or, une question se pose : peut-on réellement développer un apprentissage de la L.E sans qu'on ait recours à la L.M ?

Affirmer que l'on peut passer d'une réalité montrée à la formulation en L.E serait faux, puisque la traduction existe bel et bien dans l'esprit de l'élève, dès l'instant où il perçoit le sens de ce qu'on lui montre.
De plus, comme dans la méthode traditionnelle, on accorde bien plus de place à la compréhension qu'à la production, alors que c'est pourtant la production qui est la difficulté majeure dans l'acquisition d'une langue

5.3 La méthodologie audio-orale

La méthodologie audio-orale est apparue aux Etats-Unis durant la seconde guerre mondiale pour faire face aux besoins des armées alliées, qui consistaient à faire apprendre l'anglais à des troupes dont les idiomes étaient extrêmement divers. Cette méthodologie tire ses fondements du béhaviourisme et du structuralisme. Elle est basée sur la répétition et la maîtrise de l'automatisme. Au plan didactique, dans la mesure où on accepte l'idée que l'apprentissage d'une langue est un phénomène automatique, on rejette tout travail d'explication ou toute analyse réflexive qui pourrait faire obstacle à l'acquisition des automatismes linguistiques.

Cette méthodologie a été critiquée parce que le transfert des acquis de la classe au monde extérieur, était loin de s'opérer. Aussi, les aspects mécanistes et répétitifs de la méthode ont été vite rejetés par les enseignants et les apprenants.

5.4 La méthodologie structuro- globale audio-visuelle (S.G.A.V)

C'est au milieu des années 1950 que P. Guberina de l'Université de Zagreb donne les premières formulations théoriques de la méthode SGAV. En France, elle apparaît avec la méthode « voix et images de France », publiée par le CREDIF en 1962. Cette méthode était construite autour de l'utilisation conjointe de l'image et du son.

En effet, le support sonore est constitué par des enregistrements magnétiques et le support visuel par des vues fixes. L'accès au sens ne se fait pas par traduction du maître mais à partir de la situation visualisée, en s'appuyant sur les interactions des personnages, sur leurs gestes et mimiques, sur les éléments du décor qui jouent un rôle dans l'échange.

D'après H. Besse La méthode SGAV aurait le mérite de tenir compte du contexte social d'utilisation d'une langue et permettrait d'apprendre assez vite à communiquer oralement avec des natifs de langues étrangères. Mais elle n'offrirait pas la possibilité de comprendre des natifs parlant entre eux, ni de comprendre les médias.

Actuellement, dans l'enseignement des langues, l'approche communicative est la méthodologie dominante et celle en vigueur dans notre pratique de classe, aussi nous nous attarderons davantage sur cette notion.

6. Les lignes de force de l'approche communicative

6.1 A l'origine de l'approche communicative : des besoins

L'approche communicative s'est développée en France à partir des années 1970 en réaction contre la méthodologie audio-orale et la méthodologie audio-visuelle. Elle est appelée approche et non méthodologie par souci de prudence, puisqu'on ne la considérait pas comme méthodologie constituée solide et pour souligner comme le rappelle S.Moirand, *« le caractère transitoire et ouvert de cette méthodologie »[1]* En effet, une approche est une hypothèse de travail ; la méthode à employer n'est pas à priori définie.

Ce sont les travaux de Hymes aux Etats-Unis, ainsi que ceux d'un groupe d'experts du Conseil de l'Europe qui vont conduire à repenser la didactique des langues en posant le principe selon lequel la langue est un instrument de communication et d'interaction sociale.

Le développement de l'approche communicative a coïncidé aussi avec une demande sociale nouvelle : la construction progressive de la Communauté Européenne. Comme l'explique Martinez, dans ce contexte de besoins de communication accrus, l'introduction de l'approche communicative avait pour but de *« Faciliter la mobilité des hommes et leur intégration dans des sociétés dites d'accueil ».[2]*

Un Niveau seuil, publié par le Conseil de l'Europe, élaboré selon le modèle dit fonctionnel-notionnel, a permis de définir les premiers objectifs dans l'apprentissage d'une langue étrangère, et d'en déterminer les contenus fonctionnels. Cette approche dite fonctionnelle-notionnelle donne la priorité à la valeur communicative des éléments du langage plutôt qu'à leur valeur grammaticale et formelle. Dans le contexte didactique, l'analyse des besoins langagiers permet de déterminer ce qui est nécessaire aux apprenants en terme de fonction du langage et d'actes de paroles, ainsi que les notions générales et spécifiques que l'apprenant devra maîtriser.

1- http://www.lef.upn.mx/ub/d361/d361a4.doc.
2- MARTINEZ. P., (1996), La didactique des langues étrangères, PUF, Paris, p 82.

6.2 La centration sur l'apprenant

L'approche communicative préconisait une analyse des besoins langagiers des apprenants, mais sans donner clairement à l'enseignant les indications qui lui auraient permis de la réaliser et d'en tenir véritablement compte. Le changement notable qu'elle a apporté par rapport aux méthodes précédentes, est la liberté de la progression dans le processus d'apprentissage.

L'apport de la psychologie cognitive dans ce domaine, est d'avoir fait prendre conscience que l'individu ne participe pas seulement à son apprentissage, mais en est l'acteur principal. Dans cette perspective, l'apprentissage ne s'effectue pas seulement à l'intérieur du cadre de la classe, l'enseignant doit également tenir compte des connaissances antérieures de l'apprenant et même des connaissances que l'élève a acquises dans son environnement extérieur. Aussi, les outils linguistiques sont introduits au fur et à mesure des besoins exprimés par les apprenants.

Dans la conception métacognitive de l'apprentissage, le sujet est constructeur et non consommateur de savoirs ce qui lui confère une autonomie dans ses apprentissages.
Pour mieux cerner le concept d'autonomie, on retiendra la définition de David Little traduite par Germain, Claude :
« *L'apprenant autonome comprend le but de son programme pédagogique, participe à l'élaboration de ses buts d'apprentissage, prend l'initiative de planifier et de mettre en pratique des activités d'apprentissage, et revoit régulièrement ses apprentissages et en évalue les effets* ».[1]

6.3 Le document authentique

Danielle Bailly définit le document authentique comme « *un document ' brut' de la culture-cible, conçu dans son cadre d'appartenance par un autochtone pour s'adresser à un autre autochtone, chargé donc d'une finalité et d'une fonctionnalité pragmatiques directes* ».[2]

1- Conférence de Little, D : « *Teacher autonomy :its definition and implementation* ». La définition de l'autonomie a été traduite par Germain, C. & Netten, J. (2004), « facteurs de développement de l'autonomie en FLE/FLS », Apprentissage des langues et systèmes d'information et de communication, (ALSIC), vol 7 p56.
2- BAILLY, D. (1998) : *Les mots de la didactique des langues, le cas de l'anglais*, Gap : Ophrys, p70

L'approche communicative se manifeste par un retour au sens, en préconisant l'utilisation de supports authentiques qui sont supposés être plus motivants, plus à même de susciter l'expression personnelle de l'apprenant. De plus, ces documents semblent plus appropriés à l'usage langagier réel, dans la mesure où ils mettent en valeur les aspects socioculturels de la langue cible.

6.4 La compétence de communication

Finalement toutes ces caractéristiques convergent vers un but commun : créer une compétence de communication chez l'apprenant. D'un point de vue psycholinguistique, la communication langagière désigne selon D. Bailly *« la circulation d'information (verbale et, le cas échéant, non verbale) impliquant émetteur, récepteur, canal, message induisant un effet sur les sujets qui en sont les acteurs ».*[1]

Le but ultime de l'approche communicative étant de permettre l'échange, le rôle de l'enseignant est donc de créer le besoin de communiquer chez l'apprenant parce qu'apprendre une langue étrangère, c'est apprendre des savoirs linguistiques sur cette langue, mais aussi acquérir des savoir-faire qui permettront à chacun de communiquer à tout moment. Le rôle de l'enseignant est de solliciter un maximum d'opérations mentales chez cet apprenant. Celui-ci pourra ainsi déployer des stratégies d'apprentissage qui seront transférables à d'autres matières et surtout en dehors du contexte scolaire, pour enfin développer cette compétence de communication. Les composantes de la compétence de communication varient selon les théoriciens.

Pour nous permettre de mieux cerner les contours sémantiques de cette notion, nous porterons notre intérêt sur deux définitions, celles de :

Coste. D [2] : Qui propose cinq composantes de la compétence de communication.

- La composante de maîtrise linguistique : savoirs et savoirs faire relatifs aux constituants et aux fonctionnements de la langue trangère en tant que système linguistique permettant de réaliser des énoncés.

1- BAILLY, D. Op Cit, p43
2- COSTE, D., (1978), « *Lecture et compétence de communication* » in le français dans le monde, n°141

- Une composante de maîtrise textuelle : savoirs et savoirs faire relatifs aux discours et aux messages en tant que séquences organisées d'énoncés (agencements et enchaînements transphrastiques, rhétoriques et manifestation énonciative de l'argumentation).

- Une composante de maîtrise référentielle : savoirs et savoirs faire tenant à des domaines d'expérience et de connaissance.

- Une composante de maîtrise relationnelle : savoirs et savoirs faire touchant aux routines, stratégies, régulation des échanges interpersonnels en fonction des positions, des rôles, des intentions de ceux qui y prennent part.

- Une composante de maîtrise situationnelle : savoirs et savoirs faire relatifs aux différents autres facteurs qui peuvent affecter dans une communauté et dans des circonstances données les choix opérés par les usagers de la langue.

En revanche, **Moirand. S** [1] en identifie quatre :

- Une composante linguistique ou connaissance du système linguistique.

- Une composante discursive ou maîtrise des différents types de discours en relation avec les paramètres de la situation de communication.

- Une composante référentielle ou connaissance des différents domaines référentiels et de leur articulation logique.

- Une composante socioculturelle ou maîtrise des règles et des normes sociales d'interaction.

Ces définitions s'accordent en partie au niveau de la compétence linguistique et de la compétence référentielle mais divergent quelque peu, au niveau du socioculturel, qui disparaît dans le modèle de D. Coste.

1- MOIRAND, S., (1990), *Enseigner à communiquer en langue étrangère*, Hachette p.20

Or, dans l'enseignement / apprentissage d'une langue étrangère, pour apprendre à communiquer de manière efficace, il ne suffit pas de connaître le vocabulaire, les structures grammaticales et les règles qui régissent la langue cible, mais il convient aussi, d'intégrer les dimensions sociologiques et culturelles.

Pour **G-D de Salins**[1] : « *La compétence de communication à acquérir comporte certes une composante linguistique, mais celle-ci se construit en synergie avec des composantes socioculturelles (attitudes, valeurs et croyances) et des composantes communicationnelles (normes interactionnelles et conduites sociales).*

Dans cette perspective, il appartient donc, à l'enseignant de se fixer les objectifs permettant d'intégrer ces différents aspects de la compétence de communication.

1- SALINS, G.D (de), « *L'ethnographie de la communication : quel apport pour l'enseignement du FLE ?* », cahiers pédagogiques, juin 1998.

CHAPITRE II

CHAPITRE II

Conceptions institutionnelles et pédagogiques du texte littéraire dans l'enseignement secondaire

1. Présentation et analyse des directives pédagogiques
   1.1 Les stratégies d'apprentissage
   1.2 Les objectifs de l'enseignement du français
   1.3 Démarches pédagogiques
       1.3.1 Les principes organisateurs de l'unité didactique
       1.3.2 La pédagogie du projet

2. L'analyse prépédagogique des textes : une étape dans le processus de l'acquisition du savoir

3. Quelle compétence faut-il avoir pour comprendre un texte écrit ?
   3.1 Une démarche d'investigation textuelle
   3.2 Initier aux pratiques de repérage
   3.3 Les stratégies de lecture

4. Approche méthodologique du texte littéraire
   4.1 Un projet de lecture : le texte littéraire
   4.2 Une lecture active
   4.3 Quelques principes pédagogiques pour lire le texte littéraire

5. Exploitation pédagogique de la nouvelle

CHAPITRE II

Conceptions institutionnelles et pédagogiques du texte littéraire dans l'enseignement secondaire

1. Présentation et analyse des directives pédagogiques [1]

1.1 Les stratégies d'apprentissage

Enseigner implique au-delà de la maîtrise des connaissances que l'on doit faire acquérir, la découverte chez les apprenants des représentations qu'ils se font des faits de langue ce qu'on appelle " l'interlangue " - donc de leurs ressources et de leurs capacités d'expression -. C'est à partir de ces représentations que les apprenants accommodent puis assimilent. Il faut donc que l'enseignant s'appuie sur ce que les apprenants savent pour articuler son apport.

L'élève a déjà un savoir, un vécu que l'enseignant doit confronter aux savoirs qu'il veut faire acquérir. Celui-ci doit faire émerger les acquis antérieurs (dans le but de les réactualiser, les compléter, les enrichir), chercher des entrées nouvelles dans les savoirs que l'on doit transmettre (entrées qui puissent prendre en compte la motivation, le niveau de complexité du savoir à présenter, la pertinence du choix des auxiliaires pédagogiques), telles doivent être les tâches essentielles de l'enseignant.

L'élève, quant à lui, apprend et progresse quand s'établit un conflit entre deux représentations. Il faut donc l'amener à sentir la contradiction entre ces représentations. Partant de cette perspective, l'enseignant doit élaborer un dispositif impliquant l'élève, le faisant aller jusqu'à la déstructuration de ses représentations antérieures et leur remplacement par une représentation plus adéquate, se situant à un

---

1- Programme de français 3ème A.S, direction de l'enseignement secondaire, Mai 1993.

niveau supérieur. L'ensemble de ces représentations antérieures, qui regroupent toute une série de savoirs et de savoir-faire (c'est-à-dire une organisation interne à l'élève, acquise dans différentes disciplines), représente *les capacités* sur lesquelles l'enseignant va s'appuyer pour développer *les compétences* propres à la discipline.

Ces compétences sont un système de connaissances conceptuelles (savoirs) et procédurales (savoir-faire) qui permettent à l'intérieur d'une famille de situations, d'identifier *une tâche problème* et de la résoudre par une action efficace, la performance. Les compétences étant comprises comme réponses à *des situations-problèmes,*[1] elles vont définir le moyen et le long terme du programme qui n'est pas organisé dans une démarche d'exposition (cours magistral) mais dans une démarche de découverte (participation active de l'élève).

N. Chomsky a quant à lui, introduit la notion de *compétence linguistique*[2] pour référer aux connaissances intuitives des règles grammaticales sous-jacentes à la parole qu'un locuteur natif idéal, a de sa langue et qui le rendent capable de produire et de reconnaître les phrases correctes. Ces connaissances concernent les unités, les structures et le fonctionnement du code interne de la langue – phonologie, morphologie et syntaxe-.

Hymes propose la notion de *compétence communicative*[3], qui désigne la capacité d'un locuteur de produire et interpréter des énoncés de façon appropriée, d'adapter son discours à la situation de communication en prenant en compte les facteurs externes qui le conditionnent : Le cadre spatiotemporel, l'identité des participants, leur relation et leurs rôles, les actes qu'ils accomplissent, leur adéquation aux normes sociales. On parle d'autre part en psycholinguistique, de compétence textuelle. En didactique des langues, cette vision de la compétence amène inéluctablement à des approches qui donnent la priorité à des stratégies illocutoires et discursives, des pratiques et des genres : approches communicatives ou notionnelle-fonctionnelle par exemple. Si une langue est appréhendée comme un guide symbolique de la culture, et la culture comme tout ce qu'il faut savoir ou croire pour se comporter de façon appropriée aux yeux des membres d'un groupe, les concepts de compétences linguistique et communicative seront considérés comme des sous- parties d'une compétence socioculturelle.

---

1 - MEIRIEU, PH., (1987), *Apprendre...oui, mais comment ?* Edit ESF, p16
2 - Dictionnaire de Didactique du Français Langue Etrangère et Seconde, sous la direction de J.P.CUQ. Asdifle, CLE International, Paris 2003.p 48.
3 - Ibid. p 49.

1.2 Les objectifs de l'enseignement du français

Dans tous les programmes[1] de français émanant du ministère de l'éducation nationale, il est défini qu'à la fin du cycle secondaire, l'élève doit avoir une maîtrise de la langue (code et emplois) suffisante pour lui permettre de :

- Accéder à une documentation diversifiée en langue française.
- Utiliser le français dans des situations d'enseignement.
- Prendre conscience dans des situations d'interlocution concrètes ou de lecture des dimensions informatives, argumentatives et littérairement marquées des textes écrits ou oraux.
- Etre un utilisateur autonome du français, instrument qu'il pourra mettre au service des compétences requises par la formation supérieure, professionnelle, les entreprises utilisatrices et les contraintes de la communication sociale.

Il est énoncé aussi dans le programme de français de la troisième année secondaire de Mai 1993, que l'élève à l'entrée en classe de Terminale est censé avoir les prérequis suivants :

- Discriminer les formes discursives relevant du narratif, de l'expositif et de l'argumentatif.
- Identifier les types d'interaction entre destinateur et destinataire dans des situations de communication orale ou écrite.
- Reconnaître les indices qui permettent de segmenter une intervention orale ou un texte en unités fonctionnelles.
- Adopter une attitude positive et active devant le texte.

Il apparaît clairement, après lecture des programmes et des directives pédagogiques, que les élèves à la fin du cycle secondaire sont supposés maîtriser la langue française ce qui fera d'eux, a fortiori, des utilisateurs autonomes de cette langue. Or, la réalité du terrain est tout autre, puisque l'expérience a montré que très peu d'élèves ont la capacité requise pour suivre l'enseignement du français tel qu'il est défini dans ces programmes.

1- Direction de l'Enseignement Secondaire Général, *Programmes de Français 1°,2°,3° A.S,* 1995.

1.3 Démarches pédagogiques

Pour installer les compétences visées par le programme, on privilégie aujourd'hui la pédagogie de projet : *« il s'agit d'une forme de pédagogie dans laquelle l'apprenant est associé de manière contractuelle à l'élaboration de ses savoirs. Son moyen d'action est le programme d'activités, fondé sur les besoins et les intérêts des élèves et sur les ressources de l'environnement, et qui débouche sur une réalisation concrète (comme par exemple la création d'un journal scolaire). Cette forme de pédagogie implique une évaluation continue reposant sur l'analyse des différences entre l'escompté et l'accompli ».*[1]

La réalisation de chaque projet s'appuie sur un ensemble d'activités organisées en unités didactiques (U.D).

1.3.1 Les principes organisateurs de l'unité didactique[2]

L'U.D, qui constitue depuis 1975, le cadre méthodologique de l'enseignement du français dans le secondaire, reste à l'heure actuelle, le repère fondamental de toute modalité de construction de l'enseignement / apprentissage du français langue étrangère en Algérie.

Cette unité d'apprentissage s'articule en trois temps :

- Une phase globale se rapportant à la compréhension d'un document (support) écrit ou oral.
- Une phase d'analyse prenant en charge l'étude détaillée des éléments constitutifs du document : structure textuelle, vocabulaire relationnel et thématique, outils syntaxiques et morphosyntaxiques.
- Une phase de synthèse ou d'expression écrite, qui est un moment du réinvestissement des acquis et de la reproduction du modèle textuel. De cette phase découlera la phase d'évaluation

Après plus de vingt ans d'utilisation, *l'U.D a montré un certain nombre d'insuffisances*[3] dont on peut citer entre autres :

1- Programme de première année secondaire, Mars 2005
2- *« L'unité Didactique, dispositions pratiques »* Texte diffusé en 1978 par Monsieur MALTI, Inspecteur Général de la Pédagogie.
3 - BOUGUERRA, Tayeb., (1991), *Didactique du français, langue étrangère dans le secondaire algérien* .Editions. O.P.U Alger p94.

40

- elle présente un caractère mécaniste, imposant une présentation rigide en phases, sous-phases et moments ;
- elle enferme les apprenants tout comme le professeur dans un carcan qui laisse peu de place à l'apport de l'élève et à la liberté de l'enseignant ;
- elle manque de souplesse elle ne présente pas la flexibilité nécessaire qui permettrait d'intégrer les imprévus pédagogiques, les réactions des apprenants qui, éventuellement, pourraient manifester un besoin de discuter de tel ou tel problème.

1.3.2 La pédagogie du projet

Nous assistons ces dernières années à un renouveau méthodologique dans l'enseignement du F.L.E et ce, par l'introduction de *la pédagogie de projet*[1] qui, sans remettre totalement en cause l'U.D, l'intègre comme un moyen (tel un maillon) au service d'un projet didactique plus global, plus souple et plus diversifié impliquant directement et étroitement apprenants et enseignant à la réalisation d'un projet didactique plus fonctionnel. Ainsi, les U.D, dans ce cadre plus vaste, ne seront plus à juxtaposer. Elles seront structurées (articulées) dans un enchaînement fonctionnel cohérent, participant à promouvoir un enseignement/apprentissage plus dynamique où se rejoignent et se croisent des projets individuels et de groupes pour la construction d'une production terminale socialisée plus riche car plus motivée et motivante.

Dans le cadre du projet, l'U.D débouche sur la maîtrise d'une compétence ou d'un niveau de compétence. Celle-ci est constituée de plusieurs séquences permettant d'atteindre à chaque fois un objectif complexe, par la mise en œuvre d'activités. Ces dernières, n'étant pas de même nature, requièrent un volume horaire différent.

C'est pourquoi une séquence d'apprentissage pourrait parfois, regrouper plusieurs séances ou plusieurs U.D. La maîtrise de la compétence ou du niveau de compétence est évaluée au terme de l'U.D à travers une performance qui devra satisfaire les critères d'une grille d'évaluation. Cette évaluation est donc sommative alors que les séquences, elles, requièrent une évaluation formative.

1- La pédagogie de projets. (Programme de français, 2ème, Langue Etrangère. Ed. O.N.P.S Alger 1999.

L'enseignant conçoit son enseignement de manière à passer des contenus qui lui sont proposés à des démarches pédagogiques. Il intervient à deux niveaux :

Le niveau prépédagogique :

L'enseignant fait l'inventaire des notions essentielles du programme et détermine les difficultés auxquelles ses élèves peuvent être confrontés en s'appuyant sur une évaluation diagnostique qui déterminera leurs capacités de compréhension et leurs acquis antérieurs.

- La saisie et le traitement de l'information :
L'enseignant transforme les notions du programme en situations problèmes. Il propose aux élèves des matériaux (textes, documents, etc.) et une consigne précise qui permette à l'élève de mobiliser ses ressources pour répondre à ses attentes. De plus, il veillera à construire des situations qui, non seulement définissent un objectif, mais analysent aussi l'opération mentale à mobiliser (perception, induction, comparaison, abstraction). Les situations d'apprentissage obéissent à la même logique que la situation problème ; elles sont cependant moins complexes. Aussi, l'enseignant recherchera les activités à effectuer par l'élève et les éventuelles remédiations qui permettent à l'apprenant en difficulté, de greffer d'autres acquisitions sur celles recensées dans la situation problème.

Le niveau pédagogique

L'enseignant propose un ensemble d'activités qui favoriseront les acquisitions nécessaires pour résoudre la difficulté présentée dans la situation problème. Ces activités doivent permettre de sensibiliser l'élève aux formes et aux structures discursives, de lui apprendre à repérer les éléments pertinents, à structurer son savoir et à l'utiliser de façon personnelle dans un nouveau contexte. Il réalisera ce qu'il avait planifié en cherchant pour chaque activité les conditions qui lui assureront le succès (outils à mobiliser, démarche, degré de directivité, gestion du temps).

2. L'analyse prépédagogique des textes : une étape dans le processus de l'acquisition du savoir

Une pédagogie de la compréhension de texte implique que l'apprenant sache interroger un texte et formuler des hypothèses afin de trouver dans le document qu'il consulte des réponses à ses questions. Mais si l'enseignant veut aider l'apprenant dans ses repérages et ses prévisions, il a besoin de savoir comment le texte « fonctionne » et qu'elles sont les données qui faciliteront, éventuellement la formulation des différentes hypothèses, leur vérification afin d'assurer à l'apprenant une meilleure saisie du texte. Aussi, faut-il qu'il ait analysé les textes au préalable, avant que le cours ne commence, c'est ce qu'on appelle l'analyse pré-pédagogique. Etape qui concourt à la préparation de l'acte pédagogique et ne sert à la différence des analyses théoriques, ni à construire ni à tester une théorie linguistique.

Dans le domaine particulier de la compréhension de l'écrit, l'analyse prépédagogique présente deux objectifs principaux[1] :

a) D'une part, elle constitue pour l'enseignant, un moyen d'investigation des fonctionnements d'un texte à différents niveaux (lors d'un cours, il doit en effet pouvoir répondre aux demandes, pas toujours prévisibles, des apprenants) ;

b) D'autre part, elle doit permettre à l'enseignant, d'imaginer des stratégies pédagogiques pour aider les apprenants à accéder au(x) sens d'un texte (technique de repérage, découverte d'indices, tactique de vérification, etc.).

Aussi, dans sa démarche, l'enseignant doit tenir compte des particularités de chaque groupe d'apprenants, de leurs motivations et de leurs besoins. Cependant, si l'on reste persuadé des avantages et de l'intérêt prépédagogique, cette analyse n'en présente pas moins certains dangers[1] :

Le premier danger serait de la confondre avec les analyses théoriques du discours. Le cours de langue ne doit pas devenir un champ d'application pour des théories. L'analyse effectuée par l'enseignant de langue devrait l'être en fonction d'objectifs didactiques

1- MOIRAND. Sophie, Op.Cit. , p. 91.

précis (mise en place d'un programme, d'une progression, mise au point de stratégies d'enseignement, etc.). Et cela ne doit pas non plus empêcher l'enseignant de connaître différentes théories et de s'en inspirer.

Un deuxième danger, serait d'imposer aux apprenants une terminologie portant sur des termes spécialisés sous prétexte de leur faire repérer des éléments linguistiques. On peut mettre l'information à la portée de l'élève sans pour autant avoir recours à toute cette terminologie. Il s'agit plutôt d'adapter le discours pédagogique aux références des apprenants.

Un autre danger serait de confondre l'analyse prépédagogique et les stratégies d'enseignement.

3. Quelle compétence faut-il avoir pour comprendre un texte écrit ?

L'accès au sens d'un texte est fonction d'une compétence de compréhension globale qui comprend aussi bien la connaissance linguistique (graphémie, morphologie, lexique, syntaxe) que celle du fonctionnement textuel et intertextuel (organisation des phrases entre elles, fonction du texte, relation du texte à d'autres textes). On sait que le modèle traditionnel privilégiait la connaissance des unités dites de faible niveau ; qui concernent les unités minimales de signification : si le lecteur connaît le code - sa graphie, ses mots, ses phrases-, il est à même de comprendre le texte.

S'il paraît indispensable de travailler sur les unités du rang inférieur, on déplore aujourd'hui que la méthodologie du texte à lire en langue étrangère, ne prenne pas davantage en compte, les unités de rang supérieur.

Ce modèle qui met au premier plan l'activité de l'auditeur ou du lecteur, se fonde sur les connaissances préalables du sujet : connaissances culturelles et savoirs de toute nature relevant de l'expérience du monde et connaissances textuelles (organisation générale des différents types de textes).

Dans une perspective cognitive, le modèle le plus accepté repose sur la conjugaison des deux modèles précités. L'enseignant conscient que la lecture est une interaction entre le texte et le lecteur, cherchera à encourager la lecture active : parce qu'elle demande au lecteur de mobiliser ses connaissances pour aller à la rencontre de nouvelles données ; elle lui demande d'être un observateur sachant prélever les indices qui vont permettre la saisie du sens ; elle demande enfin, que le lecteur sache mettre en relation des éléments dispersés dans le texte.

3.1 Une démarche d'investigation textuelle

Notre démarche expérimentale consistera à adopter la technique proposée par Sophie Moirand, dans l'approche globale des textes écrits. L'exploitation du support écrit que nous proposerons à nos élèves commencera par une phase d'observation du texte (sa présentation iconique, son support, sa typographie), pour se familiariser avec le texte et tâcher de reconnaître son genre, son émetteur. Pour initier la compréhension ; il faudra s'appuyer sur des repérages successifs (qui, quoi, quand, où, les articulateurs, etc.) et essayer de mettre en relation une partie du texte avec une autre. Pour réduire les zones d'opacité du texte, on fera appel aux connaissances antérieures des élèves lecteurs.

Les consignes de lecture qui leur seront données, auront un double effet : l'apprenant sera actif parce qu'il aura une tâche à exécuter et ne s'arrêtera pas au premier obstacle linguistique. Aussi, grâce à la consigne, le lecteur sera guidé dans la construction du sens du texte.

Cette technique nous permettra d'interroger un écrit et d'y repérer des réponses, ce qui amènera le lecteur apprenant à comprendre et à interpréter des documents de manière autonome. La compétence de lecture reposerait alors, sur une triple compétence : une compétence linguistique, une compétence discursive et une connaissance des références extra-linguistiques telles qu'elles sont définies par S.Moirand.

Cependant, l'activité de lecture est très complexe dans la mesure où il faut pouvoir exécuter plusieurs opérations en même temps. Par conséquent, il convient d'entraîner régulièrement les élèves à cette activité afin de leur permettre de mettre en pratique leurs savoir-faire. De plus, il est nécessaire de montrer aux apprenants en langue que l'on peut comprendre un texte sans forcément être capable de saisir chaque détail et de traduire chacun de ses termes, il faut leur faire prendre conscience des stratégies de compréhension qu'ils développent en langue maternelle (même si, en langue arabe, l'approche des textes y est encore impressionniste).

L'approche globale des textes consiste à briser la linéarité du discours pour amener, dans un premier temps, les apprenants à trouver des indices textuels leur permettant d'une part, de faire des prévisions sur l'architecture du texte, et de formuler des hypothèses sur son sens. D'autre part, de vérifier dans le texte lui-même, ces mêmes hypothèses de prévision. Cependant, il est certain que plus les textes supports sont longs, plus les indices textuels nécessaires à la découverte du sens et de la logique du discours seront disséminés, entremêlés, voire enchevêtrés sur l'aire du texte. Pour initier les élèves à cette approche sémiotique des textes, il est conseillé de leur proposer dans un premier temps, des supports courts où la typographie, l'illustration, la mise en page jouent un rôle prépondérant.

3.2 Initier aux pratiques de repérage

Un premier regard sur le texte fournit à l'apprenant déjà quelques indications : la forme du document (données iconiques), le titre (donnée thématique), le type de support, et le nom du scripteur, l'amènent à anticiper sur l'organisation et le contenu de l'énoncé. Il s'agit alors de lui faire rechercher lors de balayages successifs du document, d'autres indices d'ordre formel, thématique ou énonciatif afin qu'il vérifie ses premières hypothèses et qu'il en formule de plus précises, reconstruisant ainsi peu à peu la logique et le(s) sens du texte.

A) Repérages d'indices formels

Les indices formels représentent tout aussi bien les données iconiques (typographie, alinéas, schémas...) que les modèles syntaxico-sémantiques rendant compte de l'architecture du texte (articulateurs logiques, les anaphoriques...).

L'image du texte : dans le cours de langues étrangères, on s'appuie de plus en plus sur « l'image du texte » pour approcher le sens d'un document et le faire appréhender par les apprenants. Le sens est en partie donné par la typologie, l'illustration, la mise en page et les indices périphériques (titre, sous-titres, chapeau, références de différentes natures...). Cette lecture, qui part de repères iconiques pour orienter ensuite les stratégies de découverte du sens, vise à donner à l'apprenant des habitudes de lectures sélectives en langue étrangère.

Approche linguistique : il s'agit des marques formelles d'énonciation : sujets énonciateurs (émetteurs, récepteurs), lieu d'énonciation, les modalités logiques et appréciatives et les actes de parole.

Approche logico-syntaxique : il s'agit de repérer les procédés diaphoriques (déterminants, pronoms, anaphores lexicales et grammaticales...), les formes de phrases et les relations temporelles.

B) *Repérages d'indices thématiques :*

Ces indices sont relatifs à l'organisation du domaine de référence. Les données thématiques sont des éléments importants dans la reconstitution du sens par le lecteur. Mais encore faut-il les classer, les regrouper, les structurer en fonction des références extra-linguistiques du texte.

C) *Repérages d'indices énonciatifs :*

Ils réfèrent à la situation d'énonciation. (Qui écrit ? Pour qui ? Où écrit-il ? Quand ? Avec quels objectifs ?).

Selon S. Moirand, [1] un repérage des seuls indices formels ne suffit pas pour accéder à la compréhension de ce texte. Seul la combinaison de différents types d'indices, la mise en relation des données énonciatives avec les données thématiques d'une part et les données formelles de l'autre, permettent à l'apprenant d'interpréter le sens des documents. De plus, les textes « longs » sont loin d'être ainsi structurés, et il est parfois plus opératoire de commencer par repérer en premier soit les indices d'ordre thématique, soit les indices d'ordre énonciatifs.

Mais il convient de faire remarquer à ce niveau, que les pratiques de lecture proposées par l'approche globale (repérages des indices formels , thématiques et énonciatifs) sont des stratégies pédagogiques qu'il ne faut confondre, ni avec les stratégies d'apprentissage individuelles, ni avec les stratégies de lecture des apprenants. Une définition succincte de la notion est fournie par S. Moirand : *« une stratégie de lecture correspond à comment le lecteur lit ce qu'il lit ».* [2]

Or, le cours de compréhension écrite tel qu'il est conçu, ne prend pas en charge directement les stratégies de lecture développées par les apprenants. L'approche globale vise par contre, à faire prendre conscience à l'apprenant-lecteur, de ses propres stratégies de compréhension en langue maternelle et de voir s'il peut ou non les transférer en langue étrangère. Pour que l'enseignement d'une stratégie soit valable, l'enseignant doit montrer comment l'organiser et l'utiliser au mieux.

1- MOIRAND. S., Op. Cit. , p. 58.
2- Ibid, p. 19.

3.3 Les stratégies de lecture

L'activité de lecture ne s'exerce pas toujours de la même manière, *les stratégies*[1] diffèrent selon la situation, les raisons pour lesquelles on a entrepris cette lecture et les objectifs qui lui sont assignés. Cette activité revêt donc diverses formes :

. *La lecture studieuse* est une lecture attentive pendant laquelle le lecteur veut tirer le maximum d'informations. Il veut mémoriser des éléments du texte. Il y a fréquemment relecture de certains passages, parfois oralisation du texte à retenir.

. *La lecture balayage* intervient lorsque le lecteur veut simplement prendre connaissance du texte. Il ne désire pas connaître le détail, il veut capter l'essentiel. Cette lecture est le fait d'un lecteur exercé car elle exige de lui des stratégies d'élimination. Le lecteur doit avoir une compétence suffisante pour être à même d'éliminer à grande vitesse ce qui est inutile à sa lecture. Or l'absence d'une bonne maîtrise linguistique et textuelle bloque la possibilité d'opérer cette recherche rapide.

. *La lecture sélective* est mise en œuvre lorsqu'il y a nécessité de recherche. Celui qui consulte un dictionnaire, une grammaire, sait au préalable ce qu'il veut trouver mais là aussi il doit mettre en œuvre une lecture - élimination jusqu'à ce que l'élément recherché soit trouvé.

. *La lecture –action* est celle qu'adopte la personne occupée à réaliser une action à partir d'un texte contenant des consignes- recettes modes d'emploi etc.-. Cette lecture discontinue se caractérise par des mouvements entre le texte et l'objet à réaliser. C'est un procédé qui se retrouve également lors de l'écriture d'une lettre lorsqu'on répond point par point à une autre.

. *La lecture oralisée* est celle qui consiste à lire un texte à voix haute. Elle peut se présenter sous deux formes : soit le lecteur oralise la totalité des graphèmes – lecture d'une histoire à un enfant-, soit le lecteur jette simplement un regard de temps à autre sur son texte qui fonctionne comme un aide-mémoire – le cas d'un conférencier-.

1- CICUREL Francine. (1991), Op. Cit. pp 16, 17.

49

En classe de langue, les stratégies qu'utilisent les apprenants manquent de diversité, il appartient donc à l'enseignant de proposer des activités qui permettent de travailler les diverses stratégies décrites ci-dessus.

4. Approche méthodologique du texte littéraire

Devant une langue qu'on déchiffre mal, la tentation est quasi inévitable de lire le texte littéraire comme un texte informatif. En effet, le lecteur cherche plus à retrouver le sens qu'à donner le sens. En situation de classe, les élèves ont pris l'habitude de lire des textes en morceaux détachés de leur contexte. Ce qui pose un problème de méthodologie à l'enseignant de langue qui veut introduire des textes littéraires dans son enseignement. Quels textes sélectionner ? Morceaux choisis ou textes intégraux ? Comment les aborder ? Comment les expliquer ?

On doit donc mettre au clair d'un côté, la conception de la littérature que l'on a et la place qu'elle occupe dans l'enseignement d'une langue, et d'un autre, les objectifs que l'on veut atteindre.
Les conceptions des enseignants à l'égard de la littérature différent : pour certains, la lecture du texte littéraire est l'objectif principal – on apprend une langue pour lire sa littérature - . Pour d'autres, la littérature permet d'apprendre la langue - une belle langue -. Pour d'autres encore, c'est une conception syncrétique qui domine ; saisir une langue c'est être capable de lire sa littérature. Or, pour garder la spécificité du texte littéraire, il faut donner au lecteur apprenant les éléments indispensables pour la réception de ce genre textuel. Pour mener à bien sa tâche, Francine Cicurel[1] propose à ce que l'enseignant prenne certaines précautions :

La première consiste à donner au lecteur apprenant les éléments qui lui manquent pour lui permettre de mieux lire le texte et mieux l'interpréter car le savoir encyclopédique de l'apprenant dans la culture étrangère, n'est pas suffisant pour percevoir le texte comme texte littéraire.

---

[1] CICUREL. Francine. (1991), Op cit. p129.

La seconde option consiste à proposer des textes et activités en rapport avec la compétence du lecteur. Et au moment de la préparation du texte choisi, l'enseignant doit se poser les questions suivantes :

- Quel est le minimum de compréhension narrative que l'apprenant doit avoir (informations sur le récit et son déroulement), pour répondre aux questions se rapportant au texte ?

- Quels sont les éléments culturels qui vont faire obstacle à sa compréhension ?

- Quel est le scénario de base autour duquel gravite le récit ?

- Quels éléments sont contenus dans la situation initiale ?

- Quel est le genre du texte ?

4.1 Un projet de lecture : le texte littéraire

Depuis plus de dix ans, les recherches en psychologie cognitive et en linguistique textuelle ont permis d'énormes progrès dans la connaissance de l'acte de lire. La compréhension d'un document écrit est considérée, d'une part, comme un processus interactif qui met en relation un lecteur et un texte dans un contexte. Elle est conçue d'autre part, comme une activité cognitive de prise et de traitement de l'information pendant laquelle le lecteur décode (identifie des signes) et construit du sens (confère une signification à ces signes).

On peut porter l'attention sur le parcours du texte et constater que chaque lecteur ne lit pas de la même manière l'ensemble du texte. D'une lecture à l'autre, il y a des variations. Barthes disait à ce propos : « *Nous ne lisons pas tout avec la même intensité de lecture ; un rythme s'établit, désinvolte peu respectueux à l'égard de l'intégrité du texte ; l'avidité même de la connaissance d'un texte nous entraîne à survoler ou à enjamber certains passages pour retrouver au plus vite les lieux brûlants de l'anecdote* ».[1]

La lecture du texte littéraire, offre la particularité de provoquer un effet de réel de telle sorte que le texte est perçu comme vrai (pouvant provoquer des émotions, des sensations fortes). Il y a ainsi entre l'écrivain et le lecteur un pacte de lecture portant sur la fiction du texte.

1- BARTHES R. (1973) : Le plaisir du texte, Paris, Seuil. p 21

Cette histoire qui est contée, tout en n'étant pas vraie, comporte quelque part une vérité du monde.

Il faut aussi observer que le texte littéraire reste dans les mémoires et resurgit à l'occasion d'une expérience ou d'une autre lecture contrairement au texte journalistique ou à un autre genre textuel. Enfin, le texte littéraire est un texte qui permet l'interprétation, c'est en ce sens qu'on peut parler d'interaction entre le texte et le lecteur.

En effet, dans ce type d'interaction, le texte est perçu comme un texte véhiculant un sens à construire. On demandera au lecteur, au cours de la lecture, de construire des hypothèses sur la situation, sur ce qui va arriver, sur les causes, les conséquences, on lui demandera aussi d'interpréter l'attitude d'un personnage, de proposer un autre déroulement, de donner une suite au texte. Le texte aussi peut avoir un effet sur le lecteur. Celui-ci peut manifester ses réactions, ses sentiments et il peut indiquer comment lui, il aurait réagi, il peut s'identifier à un personnage. Et, Il dira ce que le récit évoque pour lui.

4.2 Une lecture active

On a parfois tendance à considérer la lecture comme une activité passive pendant laquelle le lecteur reçoit le texte. La lecture demande au contraire au lecteur d'effectuer un mouvement de va- et-vient entre les données du texte et ses connaissances antérieures. Souvent le texte n'est pas lu linéairement : le lecteur « travaille » le texte, en change l'ordre, le relit en partie, soit parce qu'il cherche une information ponctuelle, soit parce qu'il veut voir ce qu'il y a sous le texte, ou encore parce qu'il veut le mémoriser. Même en dehors de ces objectifs de lecture studieuse, cette activité demande en permanence au lecteur, sa collaboration afin de mettre en relation les différentes données du texte. Et c'est au prix de cette mise en relation active, que le lecteur peut saisir la signification du texte.

L'enseignant conscient que la lecture active est une interaction entre le texte et le lecteur, cherchera à encourager cette forme de lecture. Cette lecture active est une lecture recherche où le lecteur fait des hypothèses sur le sens à partir de certains indices du texte, (titre, la mise en page, les légendes) pour reconnaître des éléments utiles à l'acquisition de la signification. En langue étrangère, le lecteur n'apprend pas à lire, c'est une activité qui lui est familière. Et, en lecteur entraîné, il fait jouer les connaissances qu'il a déjà acquises. Mais parfois, la carence de la compétence linguistique l'oblige à un déchiffrage fastidieux des unités de rang inférieur ce qui par conséquent, entraîne un blocage de la perception des unités de rang supérieur –la structure textuelle, les schémas de contenu, les connaissances pragmatiques liées au texte-, qu'il pourrait éventuellement retrouver même sans comprendre l'intégralité du code.

4.3 Quelques principes pédagogiques pour lire le texte littéraire

. Des textes intégraux

Il faut choisir des textes intégraux plutôt que des morceaux choisis car, avec ces derniers l'élève reste toujours dépendant ; le début ou le restant du texte est résumé par l'enseignant ou le manuel. L'élève n'a pas accès à la totalité du texte. Or, on sait qu'un véritable apprentissage de la lecture passe par une lecture intégrale afin que l'apprenant puisse suivre le déroulement du récit et s'appuyer sur les indices successifs du texte pour en voir la signification.

. Le schéma narratif

Les textes choisis doivent être construits selon un schéma narratif accessible, il faut privilégier des récits qui se prêtent au résumé, et qui laissent place au suspense de façon à maintenir l'attention et la motivation de l'apprenant. Celui-ci, au début de son apprentissage sera plus sensible à la structure événementielle qu'à l'écriture, en raison d'une compétence linguistique encore lacunaire. Sa compétence encyclopédique lui permet de mieux entrer dans l'histoire, de faire des hypothèses sur la suite en fonction des histoires déjà rencontrées.

. Réduire l'inconnu

Avant de commencer la lecture d'un roman ou une nouvelle, le lecteur n'a pas idée du monde possible dans lequel il sera plongé. Il est possible donc, de réduire ces « zones d'inconnu » :

- Par une information sur l'auteur et l'éventuelle connaissance de son univers fictionnel qui peut être donné par l'enseignant mais aussi recherché par l'apprenant dans un dictionnaire par exemple.

- Par le titre qui dans certains cas permet de faire des hypothèses de sens sur le contenu de la nouvelle, à condition que ce soit un titre qui ait un rapport clair avec le texte car il y a aussi des titres, qui ne peuvent être compris qu'après la lecture.

- Par la prise de connaissance des éléments para-textuels donnant une indication sur le genre du texte à lire et permettant une meilleure préparation à la compréhension.

- En apprenant tout simplement à regarder le texte avant de le lire, le lecteur aura pris connaissance de certains détails qui lui permettront de mieux appréhender ces zones d'inconnu.

. Dégager un scénario

Les textes littéraires sont souvent construits autour de scénarios prévisibles. On peut ainsi faire une entrée dans le texte en faisant appel à la capacité du lecteur à reconnaître et à développer un scénario. L'écrivain compte de ce fait, sur l'encyclopédie de son lecteur, pour ne pas avoir à tout dire. Et, comme aide à la compréhension, L'enseignant peut donc compter, sur ces scénarios qu'un lecteur d'une culture proche peut mobiliser au cours de la lecture du texte littéraire.

. Sensibiliser aux registres littéraires

On peut préparer l'approche du texte littéraire en abordant au préalable, certains textes non littéraires qui présentent des parentés avec le discours littéraire de façon à rendre l'apprenant attentif à la distinction entre le littéraire et le non littéraire.

. Adopter une méthodologie interactive

On demande à l'apprenant de fournir des hypothèses et des interprétations sur le texte qu'il est entrain de découvrir. Un travail sur la situation initiale aura pour but de susciter la curiosité de l'apprenant qui aura le désir d'apprendre comment se développe l'intrigue.

L'interaction texte / lecteur doit être favorisée et elle se présente de trois manières possibles :

- L'interaction lecteur / texte : le texte ne doit pas être perçu par le lecteur   comme un texte avec un sens qui préexiste et sur lequel le lecteur n'a pas prise mais comme un texte véhiculant un sens à construire.

On demandera au cours de la lecture de construire des hypothèses sur la situation, sur ce qui va arriver, sur les causes, les conséquences, on demandera à l'apprenant d'interpréter l'attitude d'un personnage, de proposer un autre déroulement, de donner une suite au texte. Le texte littéraire est un texte qui permet l'interprétation et c'est en ce sens qu'on peut parler d'interaction entre le texte et le lecteur.

- L'interaction texte / lecteur : le texte a un effet sur le lecteur et celui-ci peut manifester comment il réagit, ce qu'il ressent, il peut indiquer comment lui, il aurait réagi, il peut s'identifier à un personnage. Il dira ce que le récit évoque pour lui, et s'il a fait une expérience similaire.

- L'interaction entre les membres du groupe- classe qui comparent leurs différentes hypothèses. On favorisera le travail en groupe, les tâches diversifiées, ce qui donnera lieu ensuite à un échange pendant lequel les différents groupes font état des résultats de leurs recherches et donnent leurs points de vue mutuels.

Ainsi, le texte n'est pas seulement un objet à étudier, objet difficilement accessible mais, c'est aussi un texte dont on s'empare, un texte dans lequel on s'implique et sur lequel on a le droit de dire quelque chose.

5. Exploitation pédagogique de la nouvelle

Cette partie est consacrée à l'étude de *la nouvelle*, [1] genre qui concentre toutes les particularités du récit. Support qui constitue aussi, notre objet d'analyse. Notre objectif à travers cette étude, est d'amener les apprenants à la lecture de textes longs (nouvelles et romans par opposition aux extraits de textes qui sont courts) et par là même, les initier au fait littéraire. La nouvelle est définie comme étant un genre littéraire narratif fictionnel caractérisé par sa brièveté (quelques pages), comportant généralement un temps fort autour duquel la trame narrative se construit et sa conclusion est généralement ouverte. La brièveté de certaines nouvelles (parfois une seule page), ne diminue en rien la richesse de ce genre. La nouvelle peut recouvrir plusieurs registres : réaliste, fantastique, policier, humoristique, etc. Pour J.M. Adam : « *Toute narration obéit à deux types de lois. Les unes propres à un mode de composition textuelle : la mise en récit, les autres liées à un système qui rationalise et organise la représentation : le vraisemblable* ».[2]

Pour nos classes de terminale, nous avons choisi une nouvelle à caractère réaliste. Parmi les spécificités de la nouvelle citons : les procédés d'inscription dans le réel, la construction de l'intrigue, le nœud, la chute, les procédés de dissimulation qui sont autant d'éléments dont l'auteur use pour structurer sa nouvelle et pour ménager le suspense final. On note aussi la présence de nombreux indices que seule une seconde lecture permet de mettre en évidence et qui contribuent aussi au suspense.
«La nouvelle étant focalisée sur un point centrale, autour d'un point fort, il est plus facile pour l'apprenant de construire le sens à partir d'un axe narratif unique ». [3]

---

1 « La nouvelle française », P.U.F, 1974. pp 149-151
2 - ADAM. JEAN-MICHEL (1994), Le texte narratif. NATHAN UNIVERSITE. p7
3 - CICUREL F (1983).,-« *Lecture de la nouvelle* », Le Français dans le monde. N° 176. Hachette Larousse,

DEUXIEME PARTIE

CHAPITRE III

CHAPITRE III

Choix méthodologiques et pratiques d'une expérimentation

1. Recueil du corpus
2. Pourquoi la nouvelle ?
3. Pourquoi Camus ?
4. Processus d'exploitation pédagogique de la nouvelle : L'Hôte
5. La composition de la nouvelle
6. L'évaluation

      6.1 Evaluation formative et sommative
      6.2 Les fonctions de l'évaluation
      6.3 Quels niveaux de compétence évaluer en
           compréhension de l'écrit ?

7. Analyse du format des questions

8. Evaluation des résultats des élèves

      8.1 Les niveaux de performances des élèves
      8.2 Analyse globale des données statistiques
      8.3 Evaluation des stratégies de lecture

CHAPITRE III

Choix méthodologiques et pratique d'une expérimentation

1. Recueil du corpus

Les élèves composés de 32 filles et de 22 garçons, qui feront l'objet de cette analyse sont des lycéens, du niveau de la troisième année secondaire (3ème A.S). Ces élèves dont la moyenne d'âge est de 18 ans, ont suivi une scolarité normale dans un cadre institutionnel. A l'origine, ils sont issus de l'école fondamentale, le français y est enseigné à partir du second palier. Au terme de leur cursus scolaire, ils auront capitalisé neuf années d'apprentissage du français, ou dix années pour ceux qui auront doublé au moins une fois au cours de leur scolarité.

Notre expérience a été menée au lycée Ibn Sina de Béjaia, l'établissement le plus ancien de la Wilaya, dont la construction date de 1929. Globalement, les élèves de ce lycée, issus de secteurs géographiques différents (haute ville, nouvelles citées et banlieue), ont un niveau hétérogène en français.

Pour expliquer la disparité de ces niveaux au plan pédagogique, il convient de tenir compte des études qui ont été menées en psychopédagogie et en sociolinguistique, lesquelles ont révélé que l'apprentissage d'une langue, que celle-ci soit apprise dans un cadre naturel ou institutionnelle, dépend d'un certain nombre de facteurs qui influent positivement ou négativement sur cet apprentissage. Parmi ces facteurs, nous pouvons citer :

- Le bain linguistique qui est un facteur positif, lorsque l'élève évolue dans un milieu où le français est l'une des langues de communication ; et qu'il baigne dans un environnement médiatique francophone (médias et audio visuel largement diffusés en langue française).

- Le milieu social favorisé (milieu parental de formation francophone et utilisant souvent le français dans les situations de communication informelle), dont est issu l'élève, lui offre l'avantage d'évoluer dans les conditions les meilleures.

- La motivation et l'implication de l'élève constituent aussi des facteurs certains de réussite.

- Au niveau pédagogique, la surcharge des classes, les mauvaises conditions de travail et le manque de moyens didactiques réduisent sans conteste, la portée de l'acte pédagogique. Ce qui décourage et l'enseignant, et l'élève motivé.

A L'issu de ces neuf années ou dix années d'apprentissage, les élèves sont certes, supposés avoir acquis en langue, un certain nombre de prérequis et d'habiletés tant à l'oral qu'à l'écrit. Cependant, une fois sur le terrain, on se rend compte que la réalité est tout autre, et les difficultés sont énormes.

Notre expérience qui a porté sur « *la réceptivité du texte littéraire en classe de terminale* » s'est déroulée dans deux classes de terminale, durant l'année scolaire 2005/2006, plus exactement, au cours du troisième trimestre. Notre public se compose de trente deux filles et de vingt deux garçons.

Notre choix de travailler avec des élèves de fin de cycle du secondaire répondait en fait au besoin, compte tenu de l'originalité et de la difficulté de la tâche, de réunir les meilleures conditions possibles pour la réalisation de ce projet. D'aucun n'ignore qu'à ce stade de la scolarité, ces élèves, âgés entre 18 et 20 ans, ont acquis suffisamment de savoirs et de savoir-faire dans le domaine de la langue, pour s'investir dans un travail d'analyse textuelle. Ce projet semblait par ailleurs, particulièrement adapté à ce public dans la perspective de leur entrée à l'université.

Concernant le corpus, notre choix s'est porté sur l'analyse de l'une des nouvelles d'Albert Camus, intitulée « L'Hôte », extraite de « L'Exil et le Royaume », Editions Gallimard, 1957.[1]

L'auteur : (1913-1960), il fut l'un des chefs de file de l'existentialisme de l'absurde, avant de se tourner vers un humanisme sceptique. Lauréat du prix Nobel de littérature en 1957, il est l'auteur d'une œuvre qui se caractérise par la volonté de définir une morale collective exaltant la solidarité humaine face au mal et à l'adversité. [2]

« L'exil et le royaume » : (1957)
C'est un recueil de six nouvelles sur le thème de l'exil. *La femme adultère, Le renégat, Les muets, L'Hôte, Jonas, La pierre qui pousse.*

Résumé de : « L'hôte »
Daru, un instituteur français qui vit isolé dans le froid et la solitude est chargé de livrer aux autorités à Tinguit, « un Arabe » inculpé de meurtre. En chemin, il montre à son hôte la voie de la liberté mais, celui-ci choisit la prison. De retour chez lui, se sentant menacé, la solitude s'empara de lui.

2. Pourquoi la nouvelle ?

Nous avons choisi d'étudier la nouvelle d'abord, pour une raison d'ordre pratique, en ce sens que la lecture du texte littéraire à travers la nouvelle, est le dernier projet inscrit dans le programme de français des classes de terminale. Aussi, dans le souci de faire lire des textes authentiques car dans notre pratique de classe, il est plutôt d'usage que les élèves travaillent sur des extraits de textes plutôt que sur des textes longs.

1- Voir texte intégral en Annexe I
2- Extrait de l'Encyclopédie Microsoft Encarta 97

De même que nous voulions faire découvrir à nos apprenants à travers ce support, le mode de fonctionnement de ce genre textuel tel qu'il est représenté dans la nouvelle.

Enfin et surtout, parce qu'à travers l'analyse de ce genre de supports, on voit se développer chez nos élèves, leur imaginaire, leur esprit créatif ainsi que leur esprit critique.

3. Pourquoi Camus ?

Nous avons choisi de proposer A. Camus à notre public parce que nous savons que cet auteur contemporain n'est pas totalement méconnu de nos élèves, et à cet effet, nous illustrons nos propos par un extrait de « L'Etranger », qui figure dans le manuel scolaire de 1ère A.S, et qui a déjà fait l'objet d'une activité de classe. Nous avons aussi choisi cet auteur parce nous trouvons que son texte est chargé de sens, et l'aspect socio- culturel y est fortement développé, pace que comme le cite T. Bouguerra, « *A. Camus a été témoin d'un moment douloureux de notre histoire. Son histoire personnelle intimement liée à celle de l'Algérie, lui confère un statut d'observateur particulier et valorise sa parole ».[1]* Camus enfin, parce que c'est un humaniste qui s'est élevé contre les inégalités, on le voit d'ailleurs, à travers ses héros, adopter une attitude de révolte qui, toutefois, s'oriente vers les plus hautes valeurs spirituelles. « L'hôte » est l'un de ces récits qui met en avant les sentiments humains et valorise la morale qui, malgré tout, a malheureusement tendance à disparaître aujourd'hui.

4. Processus d'exploitation de la nouvelle : L'Hôte d'A. CAMUS

. Objectifs généraux de la compréhension du texte:

La compréhension de documents écrits est liée à la lecture qui n'est pas toujours évidente à acquérir puisqu'elle prend en charge l'analyse de plusieurs compétences telles : la saisie de l'information explicite, la reconstitution de l'organisation explicite et la découverte de l'implicite du texte.

1- BOUGUERRA T. (1989), Le dit et le non-dit, à propos de l'Algérie et de l'Algérien chez Albert Camus. Editions O.P.U, p 6.

L'objectif de la compréhension écrite est donc d'amener l'apprenant à s'approprier progressivement le sens du texte et de l'initier à la lecture autonome.

Notre but aussi, est de lui faire acquérir les procédés méthodologiques qui vont lui permettre de lire une œuvre littéraire, de la comprendre dans sa globalité et d'en analyser ses aspects essentiels. Cette activité de lecture, lui permettra par conséquent, d'affiner ses capacités d'analyse et de synthèse, et lui fera connaître un auteur contemporain.

A / Première étape de l'activité de compréhension

a) Phase d'imprégnation : le travail de préparation a été réalisé en classe, lors de l'activité d'expression orale, étape qui précède l'activité de l'écrit.

. Objectifs intermédiaires :
- Découverte de l'objet livre et présentation de l'œuvre, - étude de la première et quatrième de couverture, de la présentation de l'auteur et des illustrations -,
- et découverte de l'objet texte, à travers les indices paratextuels.
L'analyse du paratexte est une activité orale qui s'est déroulée en classe à partir de ce questionnaire :
Quel est le titre de l'œuvre ? Quel en est l'auteur ? Que savez vous de cet auteur ? D'où ce texte est –il tiré ? En quelle année a t –il été publié ? Par quelle maison d'édition a-t-il été publié ?

Il s'agit d'une phase au cours de laquelle les élèves porteront un regard sur les éléments périphériques qu'on appellera ici, le paratexte, c'est-à- dire tout ce qui entoure le texte. Dans cette phase, il est demandé aux élèves d'élaborer des hypothèses de sens à partir du titre de la nouvelle. L'interaction au sein du groupe classe, et la confrontation des idées ne peut que les aider à mieux appréhender le texte.

B / Deuxième étape de l'activité de compréhension

La deuxième étape de l'activité de compréhension, commencera par le processus de lecture du texte support : la lecture de la nouvelle se fera à la maison, pendant la période de vacances de printemps. Et, en guise de consignes, il a été demandé aux apprenants de :

- lire attentivement le texte –lecture qui leur permettra de se préparer à un test de compréhension qui sera organisé dès leur retour de vacances-,
- et de faire une recherche sur l'auteur de l'œuvre.

L'objectif étant ici, de faire découvrir le texte et d'amener progressivement l'apprenant à accéder au sens par une lecture studieuse. Nous avons choisi de procéder de cette manière, d'une part, parce que nous voulions gagner du temps, vu que la nouvelle était longue et qu'elle nécessitait un temps de lecture conséquent. D'autre part, parce que nous pensons que la lecture est une activité mentale privée et, il n'est pas aisé pour les élèves d'étudier les processus qui la régissent pendant un court intervalle de temps.

C / Troisième étape de l'activité de compréhension

La troisième étape de la phase globale, portera sur la compréhension approfondie du texte. Et, en situation de classe, il est toutefois possible d'observer le comportement des apprenants face au texte et d'évaluer l'efficacité de l'effort de lecture, en utilisant certaines méthodes d'investigation telles que le test de compréhension, le questionnaire ou l'entretien post-lecture.

Dans notre analyse, nous avons opté pour le test[1] de compréhension qui sera organisé en classe pendant une durée de deux heures. Et en guise de synthèse, on pourra ensuite sensibiliser les élèves en leur demandant de répondre à un questionnaire portant sur leurs « qualités » de lecteur en langue,[2] suivi d'une enquête portant sur leur niveau culturel et social.[3]

1-Cf Annexe II
2-Cf Annexe III
3-Cf Annexe VI

5. La composition de la nouvelle

L'effet de réel :

    C'est un procédé de lecture qui consiste à multiplier, dans le récit fictif, des éléments renvoyant à une esthétique réaliste. Ainsi le nouvelliste introduit-il dans la trame de son récit des détails sur le lieu, l'époque de l'action, introduction de références historiques pour parler d'événements ou de personnages. Cette touche permet de donner une illusion réaliste.

La focalisation :

    géographique : tout ce passe dans un même lieu. Dans«*L'hôte* »,[1] l'action se situe au sommet d'une colline, lieu de départ et d'arrivée de l'action.

    temporelle : le récit peut porter sur quelques heures, quelques jours seulement ; dans « l'hôte » la scène se déroule à la mi-octobre dans un climat rude précédé d'une longue sécheresse et l'intrigue dure deux jours.

    Sur les personnages : il n'y a, le plus souvent, qu'un ou deux personnages principaux. Dans « *l'hôte* », le personnage principal est Daru, l'instituteur. Les personnages secondaires sont Balducci, le gendarme et « L'Arabe » qui est le prisonnier.

Le discours économique de la nouvelle :

    Le nouvelliste peut concentrer dans une même unité discursive les fonctions narratives, descriptives et expressives. La nouvelle de A. Camus en est une illustration.

La répétition :

    La nouvelle a souvent une structure répétitive. La répétition se traduit par la duplication de scènes, la reproduction de faits qui donnent à ce genre de récit un caractère circulaire et clos. Il en est de même pour la répétition sémantique ou anaphore (répétition d'un mot, d'une formule, d'une phrase, d'un passage ou d'une séquence). Dans « *l'hôte* », on la voit dans la description de la rudesse du climat et du paysage.

---

1 - L'Hôte, nouvelle d'Albert.CAMUS, extraite de : L'Exil et le Royaume, Editions Gallimard, 1957

Les procédés de dissimulation :

Toute nouvelle se fonde sur une absence, un manque qui détermine l'action du héros c'est- à- dire sa quête. Si le nouvelliste prend le parti de ne pas tout révéler dès le départ, c'est dans le but de ménager le suspense qui s'achève sur le coup de théâtre final. Ainsi, tout au long du récit, l'auteur laisse t-il planer des doutes et des incertitudes. Ce sont donc ces zones d'ombre qui mèneront le lecteur à de multiples interprétations.

La visée de la nouvelle :

Toute nouvelle a une visée (exemplaire, initiatique, récréative, argumentative ou symbolique). Elle peut être vecteur d'interprétations multiples, dans la nouvelle la chute est un moment clé qui permet au narrateur / conteur de faire montre de tout son talent en ménageant un effet de surprise qui donne au lecteur matière à réfléchir. Cependant, et à cause de la diversité que présentent les nouvelles, il ne faut pas voir toute nouvelle comme un ensemble d'éléments fixes, combinés de telle sorte qu'ils visent tous à produire un effet unique. La chute, par exemple n'est qu'un des procédés possibles de structuration de la nouvelle. Elle n'en est pas moins très fréquente. La surprise qu'elle provoque fait partie du plaisir spécifique procuré par la lecture de la nouvelle, elle peut pousser les apprenants à exprimer leur vision personnelle et leur interprétation des événements en fonction d'indices qu'ils auront trouvés dans le texte.

Les dernières lignes de « *L'hôte* », paraissent bouleversantes en ce qu'elles sous- entendent clairement la mort de l'instituteur, qui pourtant a laissé le choix au prisonnier de s'échapper. « *Un peu plus tard, planté devant la fenêtre de la salle de classe, l'instituteur regardait* sans la *voir la lumière bondir des hauteurs du ciel sur toute la surface du plateau. Derrière lui, sur le tableau noir, entre les méandres des fleuves français, s'étalait, tracée à la craie par une main malhabile, l'inscription qu'il venait de lire : « Tu as livré notre frère. Tu paieras »... Dans ce vaste pays qu'il avait tant aimé, il était seul* ».

6. L'évaluation

6.1 Evaluation formative et sommative

L'évaluation est au centre de problématiques diverses en didactique qui n'en font pas moins, qu'elle est inévitable dans tout apprentissage. Elle peut se traduire, se concevoir et être accueillie de façons diverses. Néanmoins, elle apparaît comme une démarche qui se veut rigoureuse et formatrice. En effet, l'un des facteurs déterminants de l'apprentissage institutionnel est sans doute la fonction de l'évaluation que Louis Porcher définit comme : « *un ensemble de processus par lesquels on mesure les effets des actions menées sur un public déterminé* ».[1]

L'évaluation revêt deux formes et des fonctions différentes. Néanmoins, celles que l'on met en avant dans le processus d'apprentissage sont :

L'évaluation formative [2]

Elle est ainsi appelée car elle fait partie du processus de formation, à travers cette forme d'évaluation, on cherche à prendre conscience du parcours effectué par l'apprenant dans son apprentissage. Cette appréciation de ses difficultés et de ses facilités s'inscrit dans une démarche diagnostique qui ne se traduit pas systématiquement en notes mais plutôt en appréciations et commentaires informatifs pour l'élève et l'enseignant, constituant ainsi un moyen de faire avancer l'apprenant de par l'action corrective qui s'en suit.

Cette forme d'évaluation fait avant tout, partie intégrante du processus éducatif normal, les 'erreurs' étant à considérer comme des moments dans la résolution d'un problème (plus généralement comme des moments dans l'apprentissage), et non comme des faiblesses répréhensibles ou des manifestations pathologiques.

1- PORCHER.L (1994), « *Evaluation, régulation, optimisation* ». Les cahiers de l'Asdifle. P 6.
2- G. De LANDSHEERE, « Dictionnaire de l'évaluation et de la recherche en éducation », (PUF 1979)

Elle permet aussi de déterminer si un élève possède les prérequis nécessaires pour aborder la tâche suivante, dans un ensemble séquentiel. En évaluation de programme, elle sert à déceler et à corriger les imperfections en cours de construction.

L'évaluation sommative

Alors qu'une évaluation formative est normalement effectuée au terme de chaque tâche d'apprentissage, notamment pour intervenir immédiatement là, où une difficulté se manifeste, *l'évaluation sommative*[1] revêt le caractère d'un bilan. Elle intervient donc, après un ensemble de tâches d'apprentissage constituant un tout, correspondant, par exemple, à un chapitre de cours, à l'ensemble du cours d'un trimestre. Les examens périodiques, les interrogations d'ensemble sont aussi des évaluations sommatives.

Alors que l'évaluation formative revêt, en principe, un caractère privé (sorte de dialogue particulier entre l'éducateur et son élève), l'évaluation sommative est publique : classement éventuel des élèves entre eux, communication des résultats aux parents par un bulletin scolaire, attribution d'un certificat ou d'un diplôme. Cette évaluation a pour but de fournir un bilan (où l'élève se situe-t-il ?) et de permettre une décision (l'élève obtient-il ou non tel diplôme, accède-t-il ou non à la classe supérieure ?).

6.2 Les fonctions de l'évaluation

L'évaluation remplit deux fonctions principales : d'une part une fonction sociale, puisqu'elle donne lieu aux certifications des différents niveaux de compétences et de maîtrise de savoir-faire et, à l'orientation du cursus scolaire dans le système éducatif. D'autre part, une fonction pédagogique, car elle fournit à l'enseignant, comme à l'apprenant, des indications sur le processus d'apprentissage ; c'est celle qui retiendra plus longuement notre attention dans cette analyse. Il faut savoir que les trois grandes tendances de l'évaluation sont : la centration sur l'apprenant, sur l'évaluateur et sur la relation éducative.

1- G. De LANDSHEERE, Ibidem

Néanmoins, ces trois tendances doivent se compléter afin que l'évaluation prenne tout son sens. Par celle-ci, l'enseignant doit guider l'apprenant et également vérifier l'efficacité de ses méthodes didactiques, de sa pédagogie afin de les remettre en question si nécessaire. L'évaluation permet à l'apprenant de prendre conscience de ses progrès, ses facilités et ses difficultés. Elle le fait progresser tout en cherchant à développer son autonomie.

6.3 Quels niveaux de compétence évaluer en compréhension de de l'écrit ?

En guise de résumé, nous pouvons dire que l'évaluation que nous avons choisie d'adopter avec nos élèves aura pour but :

- D'informer l'enseignant sur les compétences de lecture de ses apprenants aussi bien au niveau individuel que collectif.

- De renseigner l'apprenant sur la manière dont il appréhende le texte.

- D'élaborer des activités de classe mettant en rapport les contenus des programmes et les objectifs pédagogiques envisagées avec les situations de perception et de compréhension de lecture des apprenants.

L'analyse, de la compétence globale de compréhension, prendra donc, en charge trois *niveaux de compétences* [1] hiérarchisés comme suit :

- *Les compétences de base ou compréhension littérale*

Il s'agit de saisir l'information explicite en tirant du texte des informations ponctuelles. Les élèves repèrent des informations, des idées ou des situations apparaissant clairement dans le texte.

- *Les compétences approfondies*

Il s'agit d'être capable d'identifier les différences à tous les niveaux et de reconstituer l'organisation de l'explicite. Pour aller au devant du sens, les élèves doivent retrouver les enchaînements de l'écrit telles que la chronologie et la progression thématique. Cette activité nécessite la maîtrise des règles de cohérence issues de la grammaire de textes.

- *Les compétences remarquables ou compréhension inférentielle*

Il s'agit de découvrir l'implicite d'un texte, l'élève trouve des informations qui ne sont pas clairement exprimées dans le texte en mettant par exemple, en relation deux informations ou en dégageant le présupposé d'un énoncé ou en dégageant du contexte, le sens d'un mot inconnu.

1-TAGLIANTE, Christine. Op. Cit. p 122.

7. Analyse du format des questions

Dans l' analyse du format des questions, il s'agira de décrire ce que l'élève fera, la description du comportement terminal se traduira par le verbe « prélever » qui fait plus souvent appel aux questions fermées dans les 2/3 des cas. Alors que « interpréter » qui demande plutôt de développer un raisonnement et qui exige généralement, une réponse construite et plus longue, représente seulement 1/3. Dans ce cas, une compétence de production de l'écrit vient s'ajouter à celle de compréhension (voir notamment l'item n°20, où il est demandé de résumer en quelques lignes le texte).

L'objectif premier de cette étude était donc d'évaluer « les compétences de la compréhension de l'écrit du texte littéraire ». Ces compétences au nombre de trois dans l'analyse, sont évaluées par des questions de compréhensions portant sur l'étude d'une nouvelle intitulée l'hôte, d'A. Camus. Tout au long de l'évaluation, une combinaison des questions permet de vérifier si les apprenants maîtrisent les compétences qui leur permettent de construire du sens à partir du texte support.

La première série du questionnaire vise l'habileté à retrouver de l'information en localisant les éléments explicites du texte. La seconde série, vise l'interprétation en réorganisant les éléments explicités dans le texte. Quand à la dernière habileté, elle consiste à réfléchir sur le texte et vise à comprendre les inférences et les nuances de sens. Ces habiletés se présentent dans l'ordre qui suit[1] :

- Prélever des informations explicites 1/3 des items, exemple de tâches illustrant ce type de traitement ; repérer les informations directement liées à l'objectif de la lecture, chercher des idées précises, repérer le contexte de l'histoire tels l'époque et le lieu.

1-PISA /OCDE, 2001, Protic3 : Profil de compétences des apprenants en compréhension de l'écrit

- Faire des inférences directes 1/3 des items. Où il est demandé de déduire que tel événement a entraîné tel autre ; de déduire l'élément principal d'une série d'informations ; de décrire la relation entre les différents personnages ou alors de repérer les événements principaux du texte.

- Interpréter et assimiler idées et informations 1/3 des items.
Il s'agit de déduire le thème à partir des éléments du texte ; de déterminer le point de vue du narrateur et de saisir le lien entre le lieu et l'époque où se déroule l'action.

Par ailleurs le test avait pour but de contrôler aussi bien le niveau de compréhension globale des apprenants (identification des personnages et des grandes lignes du développement de l'intrigue), que leur capacité à saisir des subtilités relatives à la perspective narrative, de tenir compte des aspects discursifs dont traite le texte et du ton employé par l'auteur.

Après évaluation des résultats des élèves, cette étude nous a finalement révélé que selon les compétences, les résultats diffèrent. En effet, nous avons constaté que la compétence « prélever des informations explicites » est généralement mieux réussie que la compétence « faire des inférences directes » qui est, elle-même, mieux réussie que les items de la compétence « interpréter et assimiler des idées et des informations ».

Lorsqu'on compare les scores moyens obtenus, en isolant d'une part, la première série des questions (questions fermées) et d'autre part, les questions qui demandent un développement écrit, on constate que les apprenants réussissent mieux l'activité quand le mode de réponses requis, n'implique pas le recours à l'écrit construit, et ce, quelle que soit la compétence. De manière générale, les apprenants faibles ont une forte tendance à s'abstenir de répondre aux questions ouvertes. On remarque à ce niveau que plus la réponse à apporter doit être élaborée et demande un développement écrit, plus le taux d'absence de réponse augmente. [1]

1--Voir en Annexe V la grille d'évaluation des résultats dans le détail.

8. Evaluation des résultats des élèves

8.1 Les niveaux de performances des élèves

Nous rappelons que les données issues de cet exercice ont été recueillies dans un cadre institutionnel auprès d'un échantillon d'élèves dont les niveaux de compétences sont variables. Le test de compréhension était destiné à évaluer le niveau de compréhension du texte littéraire des apprenants issus de deux classes de terminale.

A l'issue de cette évaluation, quatre groupes de lecteurs ont été identifiés [1]:
- Le premier groupe dont l'activité est réussie 5 %
- Le deuxième groupe dont l'activité est moyennement réussie 32%
- Le troisième groupe dont l'activité est insuffisamment réussie 50%
- Le quatrième groupe dont l'activité n'est pas réussie 13 %

Les résultats du premier groupe composé de 5 % des élèves (taux relativement très faible), révèlent que la compréhension du texte était efficace et habile. L'analyse des réponses au questionnaire, a mis en évidence que les lecteurs de ce groupe, avaient développé une attitude positive face à la lecture en langue étrangère.

Le groupe deux, composé de près d'un tiers des élèves 32 %, révèle que la compréhension textuelle était partielle. De même que l'analyse des réponses révèle aussi que les habiletés ''A'' & ''B ''soit 46 % posent moins de difficultés que l'habileté '' C''14 %. [2]

Le groupe trois, représentant 50 % des élèves révèle que leurs résultats sont insuffisants au niveau de l'ensemble des habiletés soit 36% pour les parties ''A'' &''B '' et, 29% pour la partie '' C''.

Pour le groupe quatre, composé de 13% des élèves, le test de compréhension révèle clairement que pour cette catégorie d'élèves, l'activité de compréhension est un exercice difficile pour eux, et notamment au niveau de l'habileté '' C'' où l'on registre un taux élevé soit 46 %. Les réponses données par ce groupe ont montré qu'ils avaient une compréhension textuelle souvent très limitée.

1-Cf figure 1 : p 75
2-Cf figures 2 & 3 pp 76, 77

Figure 1

Histogramme des résultats des trois parties A , B , C

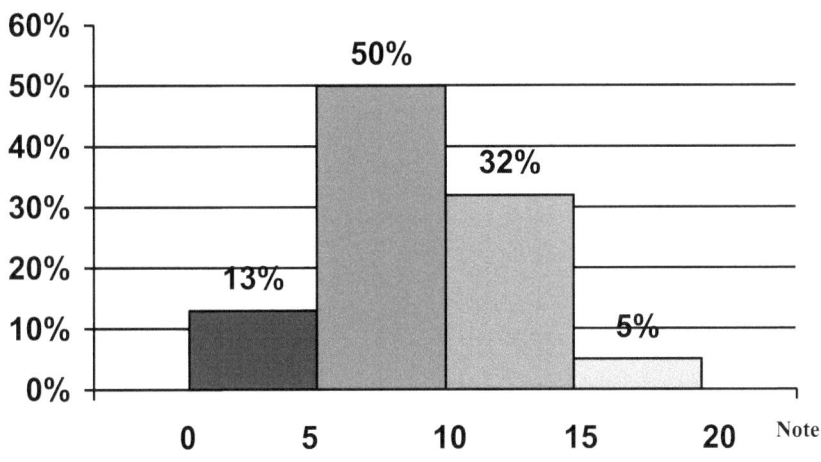

Moyenne supérieure à 10/20 : 37 %
Acquisition de performances d'accès au sens du texte.

Moyenne inférieure à 10/20 : 63 %
Difficultés d'interprétation de l'implicite.

Analyse

On peut globalement, identifier deux groupes de niveaux.

Un premier groupe composé de plus d'un tiers des élèves dont la moyenne est supérieure à dix sur vingt ayant acquis des performances d'accès au sens.

Un deuxième groupe constitué d'une majorité d'élèves dont les résultats chiffrés, sont en deçà de la moyenne et qui ont de sérieuses difficultés d'interprétation de l'implicite.

Figure 2

Histogramme des résultats des parties A et B

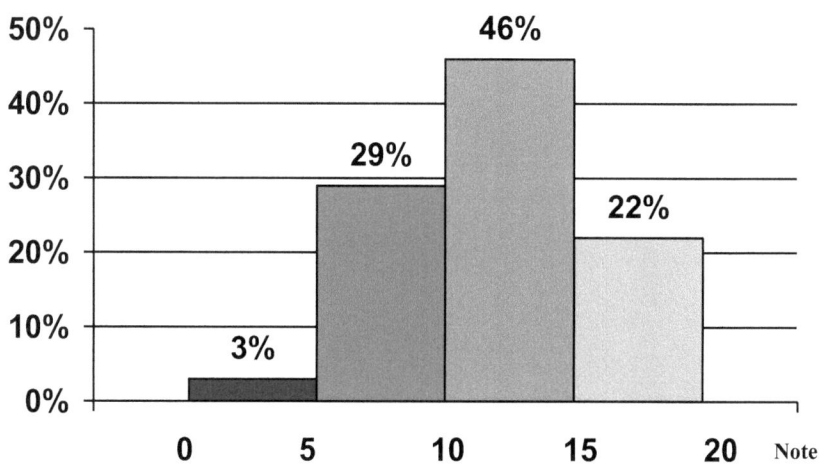

Objectifs :

A / Identifier l'information dans le texte

B / Interprétation de l'explicite du texte

Analyse :

Moyenne supérieure à 10/20 : 68 %
Compréhension littérale et saisie de l'explicite réussies.

Moyenne inférieure à 10/20 : 32 %
Difficultés de mise en relation des éléments du texte.

Figure 3

Histogramme des résultats de la partie C

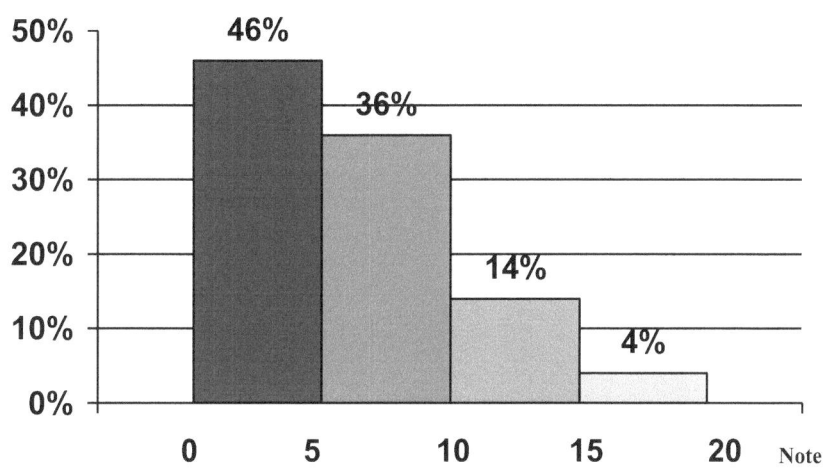

Objectifs :

C / Découverte de l'implicite du texte

Analyse :

Moyenne supérieure à 10/20 : 18 %
Réflexion sur le contenu du texte efficace

Moyenne inférieure à 10/20 : 82 %

Au vu de ces résultats, [1] on peut donc globalement identifier deux grandes catégories d'élèves.

Une première catégorie, composée d'un peu plus d'un tiers des élèves 37%, montre que ceux-ci ont acquis des performances leur permettant d'accéder au sens d'un texte avec moins de difficultés.

La seconde catégorie, qui représente 63% des élèves enregistre quant à elle, des difficultés tant au niveau des inférences qu'au niveau de l'interprétation.

Il y a lieu de signaler également, que les scores les plus élevés ont été enregistrés chez les filles en effet 44% ont une moyenne supérieure à dix , contre seulement 27% chez les garçons. Alors que les résultats les plus faibles apparaissent chez les garçons 73% contre 56%. Pour les filles.[2]

Ce constat nous révèle donc, que dans l'ensemble, les résultats des élèves, qu'il s'agisse de filles ou de garçons, sont encore loin d'être corrects

8.2 Analyse globale des données statistiques

Il ressort de l'observation des données chiffrées, après analyse des questions allant donc du traitement de bas niveau au traitement de haut niveau, que les informations simples littéralement données dans le texte, sont bien identifiées par les lecteurs apprenants et conduisent à plus de 68% de réponses correctes. Il s'agit là, d'une compétence nécessaire particulièrement exercée en classe.

De cette étude, il ressort également que dès que le prélèvement direct ne suffit plus aux lecteurs pour répondre, il est constaté une baisse considérable des performances qui ne sont seulement estimées qu'à 32%. En outre, il semble que relier entre eux des éléments présents dans le texte en les interprétant, ainsi que l'élaboration d'inférences, sont encore des opérations délicates pour beaucoup de lecteurs 82%. Par cette notion d'*inférence*, [3] nous entendons que le lecteur déduise de ce qui est explicitement dit, ce qui est implicite ou le non-dit.

1-Cf figures 1& 2 & 3 pp 75, 76, 77
2-Cf figure 4 p : 80
3- Guide pédagogique, Lisons fûté, stratégies de lecture, Duculot, 1998. p29.

Mais il convient de préciser pourquoi le lecteur est ainsi amené à faire des inférences. Celui-ci est constamment amené à inférer du sens :

- soit parce que l'auteur, qui ne peut tout dire, compte sur les compétences du lecteur pour construire des informations non fournies.

- Soit parce que l'auteur décide de suggérer seulement ou de camoufler certaines données.

- Ou encore parce que des données explicites ne sont pas comprises du lecteur et celui-ci est donc condamné à les déduire du reste du texte. Concernant donc ce dernier point portant sur l'élaboration des inférences, les résultats montrent clairement que seuls 18% des apprenants dominent cette activité. Ce qui nécessite donc un certain nombre de questionnement à savoir pourquoi les élèves trouvent-ils autant de difficultés à inférer du sens ? A quels niveaux se situent leurs difficultés ? Et comment parer à toutes ces difficultés ?

Figure 4

Analyse des résultats obtenus par sexe : filles /garçons

Moyenne chez les filles : 9,26 / 20   Moyenne chez les garçons : 7,70 / 20

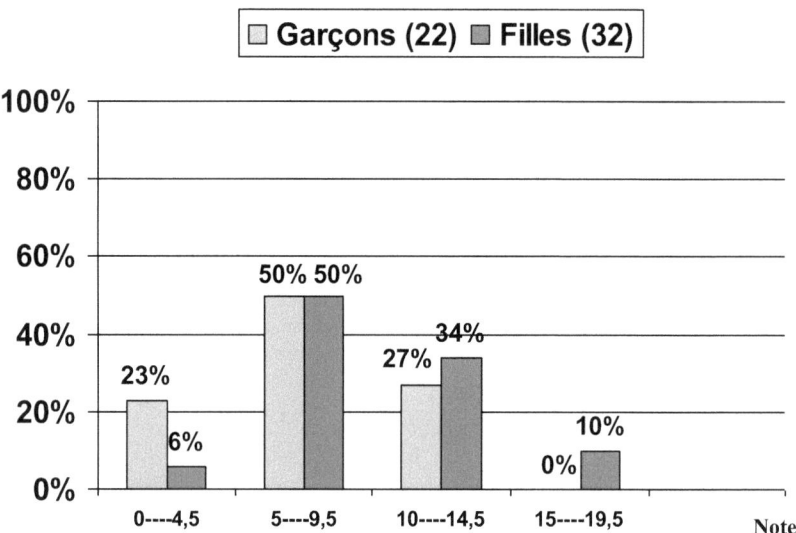

Analyse

Cet histogramme montre clairement que les résultats de l'évaluation obtenus chez les filles sont nettement meilleurs que ceux des garçons. Il apparaît aussi, que les résultats les plus faibles sont enregistrés chez les garçons.

8.3 Evaluation des stratégies de lecture

Cette observation individuelle[1] des comportements de lecture a révélé que 48% des élèves savent coordonner des sources d'information (items : 4, 7, 9,10), pour répondre à une question mais seulement 15% parmi eux, cernent parfaitement le sujet. L'étude a montré également que plus de 80% des apprenants savent relever des informations facilement identifiables dans le texte (items : 1, 2, 3, 5, 6, 8), nous avons relevé à ce niveau, 60% de réponses correctes. Quant à la sélection du thème dans le texte (item : 16), les résultats recueillis sont réussis pour près de 25% des élèves.

Par ailleurs, au niveau des items où il est demandé d'interpréter une information contenue dans le texte et où il est précisé de justifier sa réponse par des éléments du texte, (items : 13, 14, 16, 18), nous avons relevé que seuls 15% répondent à la consigne et justifient leurs réponses. Alors que 25% se contentent simplement de répondre à la première partie de la question, sans aucune justification. Bien que la consigne telle qu'elle est définie par Raynal. F. & Rieunier[2], soit un ordre donné pour effectuer un travail. C'est un énoncé indiquant la tâche à accomplir ou le but à atteindre. Nous constatons, qu'elle n'est pas toujours respectée, ce qui explique donc, ce taux élevé. Quant aux questions, qui font appel aux connaissances antérieures de l'élève (items : 15, 17), plus de 70% des réponses révèlent que les connaissances encyclopédiques pour cette tranche d'élèves sont encore loin d'être maîtrisées. Pour la question qui concerne le traitement des aspects discursifs du texte (item 14) nous n'avons relevé que 20% de bonnes réponses.

Nous avons noté aussi au cours de notre analyse, que lorsque les apprenants sont sollicités pour procéder à un rappel de récit, (items : 11, 12, 13, 20), le peu d'élèves qui tentent de répondre (30%), s'efforcent de mémoriser la forme littérale des énoncés. Ils procèdent à l'inverse des bons lecteurs qui centrent toute leur attention sur le contenu et non sur la forme littérale (qui fait le plus souvent objet d'un oubli rapide). Ils restent passifs au regard de la compréhension.

1- Statistiques et analyse du test de compréhension pp 82,83
2-RAYNAL. F & RIEUNIER., Pédagogie : « *dictionnaire des concepts clés* ».ESF Editeur.1997. p90

Test de compréhension

Les résultats se repartissent comme suit :

Partie	Question	Répartition des réponses			Analyse
		Bon	**Moyen**	**Faible**	
A / Le temps et le lieu	1	33%	56%	11%	Localisation directe d'éléments du texte : Résultats globalement corrects
	2	16%	38%	46%	La réponse demande une recherche dans le texte : Analyse non réussie
	3	90%	0%	10%	Question fermée ; réponse simple et réussie par l'ensemble des élèves
	4	26%	15%	59%	L'analyse nécessite un relevé d'informations mal cerné pour la plupart
	5	72%	13%	15%	Relevé simple en contexte : Pas de difficultés majeures
B / Les personnages	6	94%	0%	6%	Question dont la réponse est évidente : Résultats satisfaisants
	7	20%	35%	45%	Information à relever dispersée dans le texte : Niveaux épars
	8	65%	26%	9%	Eléments de réponse facilement identifiables : Pas de difficultés
	9	4%	42%	54%	Activité de mise en relation d'éléments du texte : Traitement non réussi
	10	7%	46%	47%	Assimilation et interprétation d'idées et d'informations : Activité complexe

Partie	Question	Répartition des réponses			Analyse
		Bon	Moyen	Faible	
C / La trame narrative	11	50%	6%	44%	Activité nécessitant une synthèse : Moyennement réussie
	12	22%	11%	67%	Identification de l'élément modificateur Difficultés pour la plupart
	13	15%	35%	50%	Chronologie du récit non repérée par la majorité des élèves
	14	20%	41%	39%	Reconnaissance d'éléments discursifs du texte : Résultats dispersés
	15	33%	0%	67%	Acquis antérieurs : Non maîtrisés par les deux tiers des élèves
	16	24%	7%	69%	Construction argumentative : Niveau faible
	17	6%	18%	76%	Référence aux connaissances encyclopédiques : Niveau limité
	18	6%	20%	74%	Capacité de raisonnement : Argumentation très faible
	19	6%	13%	81%	Question nécessitant une recherche approfondie : Activité très complexe
	20	4%	09%	87%	Activité de production : Esprit de synthèse très faible

Or, nous savons que pour parvenir à la compréhension d'un texte, tout lecteur doit effectuer des traitements relevant du *domaine cognitif*[1] : identifier, comprendre, mettre en relation, construire.

Comme tous les lecteurs, les apprenants se construisent une première représentation de la signification mais, ils ont par la suite du mal à l'abandonner, quand de nouvelles informations viennent se greffer à d'autres pour la rendre plus complexe. Aussi, leurs rappels de récits sont parfois erronés ; affirmer par exemple que, l'intrigue a duré trois jours au lieu de deux jours, confondre la période coloniale avec la période de la guerre de libération 1954/1962, ou encore affirmer que Daru se sent seul parce qu'il a fait un affront à Balducci qui n'est par conséquent, plus son ami, sont pour nous des indices qui le confirment. Or, le texte est toujours générateur d'éléments nouveaux permettant de préciser davantage le sens.

De même qu'ils semblent éprouver tout particulièrement des difficultés à établir les relations qui assurent la cohésion d'un texte (anaphores, connecteurs logiques, temps verbaux, indices de temps, etc.).
Ils ne paraissent pas non plus, être habitués à aller au –delà de ce que dit explicitement le texte, pour retrouver ce que l'auteur veut dire et satisfaire ainsi, leur intention de lecture. Ceci peut être illustré par les résultats de l'item 19 où l'on enregistre l'un des plus faibles taux 6%.

Ils procèdent peu à des inférences de liaison (recherche de liens logiques entre les différentes informations du texte et, moins encore à des inférences interprétatives entre les informations issues du texte et leurs connaissances antérieures comme par exemple lorsqu'on leur demande de citer les quatre grands fleuves de France.

1- cf. : *Taxonomie de bloom* in Didactique Fonctionnelle. Edition H. Dessain. 1983. pp 60, 61.

Il apparaît que sur les quatre fleuves ils n'en connaissent que deux « la seine et le Rhône » alors que « la Garonne et la Loire » sont totalement occultés - information qui semble pourtant selon les affirmations des enseignants, avoir déjà fait l'objet d'un cours de géographie -.

A ce propos, les connaissances que l'élève a développées sur le monde qui l'entoure constituent un élément crucial dans la compréhension des textes qu'il aura à lire. Pour Jocelyne Giasson,[1] en lecture, la compréhension ne peut se produire s'il n'y a rien auquel le lecteur puisse rattacher la nouvelle information fournie par le texte. Pour comprendre, le lecteur doit établir des ponts entre le nouveau (le texte) et le connu (ses connaissances antérieures).

En résumé, trois facteurs peuvent donc gêner le processus inférentiels ; qui est pourtant, la clé de la compréhension des textes :

- la faible étendue de leurs connaissances encyclopédiques ;
- L'insuffisante fiabilité de leurs traitements linguistiques ;
- et enfin, l'absence de conscience de la nécessité d'aller au- delà de l'information explicite.

Pour mieux définir le profil de notre public, le test de compréhension était accompagné d'un questionnaire « Êtes- vous un bon lecteur ? ».[2] Notre objectif n'est pas de décider qui, parmi les apprenants est un « mauvais » lecteur et qui est « bon » lecteur. L'objectif est de vérifier leurs stratégies de lecture hors du contexte scolaire.

Il apparaît globalement à travers l'analyse de ce questionnaire,[3] que les apprenants ont certes, quelques stratégies de lecture mais, celles-ci manquent de diversité. La majorité d'entre-eux se contente d'une lecture sélective. Ce qui leur pose donc des difficultés au niveau de la lecture studieuse qui, elle par contre, nécessite une attention et des efforts particuliers de la part de l'élève.

1- GIASSON. J., (2005), la compréhension en lecture, Editeur De BOECK UNIVERSITE. p 11
2- Voir en Annexe III Questionnaire : « êtes-vous un bon lecteur ? »
3- voir grille p 86

A la question : « **Etes-vous un bon lecteur ?** »

Les réponses se présentent comme suit :

Réponses	Oui	Non	Analyse
1- Je lis régulièrement un livre ou plus d'un livre par mois.	40%	60%	Lecture de romans insuffisante.
2- Je lis régulièrement la presse (Journaux, revues, magazines)	71%	29%	Tendance à lire plutôt la presse.
3- J'aime fréquenter les librairies et y feuilleter les ouvrages présentés.	51%	49%	Curiosité intellectuelle chez plus de la moitié des élèves.
4- Je termine toujours un livre que j'ai commencé, même si le début ne me plaît pas.	40%	60%	La majorité des élèves sont vite démotivés.
5- Je regarde toujours le sommaire d'un livre avant de le lire.	75%	25%	Lecture stratégique adoptée par les élèves.
6- En général je retiens toujours ce que j'ai lu.	78%	22%	Mémoire globale efficiente.
7- Si je lis un peu tous les soirs avant de dormir, je dois toujours relire quelques lignes lues la veille, avant de continuer.	64%	36%	Lecture stratégique (Mémoire à court terme déficiente)
8- Quand je lis un journal, je regarde toujours d'abord les gros titres pour choisir un article qui m'intéresse.	93%	07%	Lecture stratégique (esprit pragmatique)
9- Dans le journal, je me contente souvent de lire le « chapeau » d'un article.	45%	55%	Esprit de synthèse identifié chez la moitié des élèves.
10- J'aime parler de mes lectures et confronter mes impressions avec mes amis.	58%	42%	Stratégie de l'après lecture (esprit interactif)

Analyse

Dans ce tableau il apparaît clairement que nos lecteurs ont plus tendance à lire la presse, qui est une lecture facile et distrayante. La lecture d'ouvrages littéraires qui exige en revanche de la concentration et de la motivation est nettement insuffisante. Dans leur pratique de lecture il apparaît aussi qu'ils possèdent des stratégies (regarder le sommaire, lire les gros titres). Au regard de leurs résultats celles-ci semblent insuffisantes.

CHAPITRE IV

CHAPITRE IV

Analyse des difficultés des élèves

1. Profil sociologique et niveau des élèves

2. Essai d'identification des erreurs « récurrentes »

2.1 La pédagogie de l'erreur

2.2 Les types d'erreurs

    2.2.1 Erreurs portant sur l'orthographe
    2.2.2 Erreurs portant sur la morphologie
    2.2.3 Erreurs de grammaire relevant de la phrase
    2.2.4 Erreurs relevant de la grammaire du texte

2.3 Erreurs lexico-sémantiques

2.4 Erreurs relevant de la compétence culturelle

CHAPITRE IV

Analyse des difficultés des élèves

Liminaire

Les obstacles auxquels doit faire face l'apprenant dans la réception de la compréhension en langue étrangère sont nombreux :

Sur le plan strictement didactique, les enseignants visent à ce que tous les élèves comprennent les textes qui leur sont proposés. Or cette exigence, n'implique pas forcément que tous aient personnellement lu les textes. Ce qui explique bien souvent, l'absence de réponses pour bon nombre de questions sur certaines copies.

Il convient aussi de considérer les capacités de la gestion des tâches : de nombreux élèves s'engagent dans un travail sans en planifier la réalisation. Certains lisent à peine les consignes ou les textes sur lesquels ils doivent s'appuyer pour traiter une tâche. Et, dans bien des cas aussi, c'est la consigne elle-même émise par l'enseignant, qui n'est pas conforme à son intention.

Or, concevoir une consigne de travail est une activité qui mérite une très grande attention, car de la qualité de la consigne dépend en partie la qualité du travail effectué. De plus, une même consigne peut être interprétée différemment par plusieurs élèves : la lecture d'une consigne active des mécanismes de compréhension et d'interprétation qui permettent au sujet de construire une représentation de la tâche ou du but à atteindre. Si cette représentation n'est pas adéquate, la tâche ne sera pas exécutée correctement.

On peut citer aussi, la difficulté de perception chez l'apprenant car comme l'a énoncé S. Moirand, on considère que pour comprendre, on part des unités de signification et on parvient peu à peu à la saisie globale du texte. On passe successivement par des moments différents, qui vont du décodage des unités minimales à l'appropriation des unités supérieures.

Et pour rester dans ce contexte, on pourra citer aussi, un autre obstacle qui relève du traitement simultané de ces différents niveaux du texte. En effet, si les opérations de haut niveau et de bas niveau sont insuffisamment automatisées en langue étrangère, l'apprenant aura des difficultés pour effectuer les opérations de mémorisation à long terme et par conséquent, il aura du mal à saisir le sens du texte

Les problèmes de compréhension peuvent aussi être liés aux aspects culturels contenus dans le texte. Ceux-ci peuvent relever des pratiques sociales ou des contenus particuliers à la culture étrangère. Ces pratiques présentent des valeurs différentes et font le plus souvent obstacle à la culture de l'autre.

Geneviève Zarate [1] donne de la compétence culturelle la définition minimale suivante : *« on appelle compétence culturelle, un ensemble d'aptitudes permettant d'expliciter les réseaux de signification implicites, à partir desquelles se mesure l'appartenance à une communauté culturelle donnée ».*

Cette compétence culturelle sera adoptée en classe pour les besoins de l'acquisition d'une compétence langagière, c'est-à-dire l'acquisition d'une langue et de sa pratique sociale. Mais cet objectif implique que soient envisagées sur le plan didactique, les conséquences d'une volonté d'étudier la langue comme véhicule de culture. Il suppose que les apprenants acquièrent un certain nombre de connaissances, mais surtout qu'ils soient exercés à certains types de reconnaissances.

1- ZARATE.G.,(1998), citée dans le Guide pédagogique : Que voulez-vous dire ? Compétence culturelle et stratégies didactiques, Duculot p8.

Tous ces éléments indiquent que les élèves réfléchissent rarement et spontanément à leurs propres démarches. Cela parce qu'ils n'ont probablement pas été habitués à le faire dans des situations plus guidées. Ici, nous mettons en cause les enseignants qui ne demandent pas, ou demandent très rarement aux élèves d'expliquer leurs démarches et de justifier leurs réponses. (Cela, pour diverses raisons : contrainte de temps, programme chargé, classe chargée, etc.). Alors que l'analyse du processus qui a conduit à la réussite ou à l'erreur contribue au succès dans les apprentissages.

Il parait donc essentiel que les enseignants consacrent plus de temps à l'enseignement de l'activité de compréhension. Et, dans le cadre de la réforme, les nouveaux programmes de 2003 l'affirment aisément.

1. Profil sociologique et niveau des élèves

L'enquête sociologique[1] que nous avons menée parallèlement à notre étude, portant sur la compréhension de l'écrit, nous a permis de recueillir sur notre public, un certain nombre d'informations, non moins négligeable. Elle nous permet aussi de mieux cerner le profil de ces élèves. [2]

Il apparaît donc, en premier lieu, que la langue utilisée par les élèves, au sein de la famille, est le kabyle à 80%, et que seule une petite proportion d'élèves (environ 20%), pratiquent le français tant sur le plan relationnel que familial. En second lieu, il semble aussi que le niveau universitaire du père, pour 30% des élèves et le niveau secondaire de la mère pour 30% des cas, ne soient pas d'un apport positif dans le rendement scolaire de l'élève.
Explication probable : père absent, niveau de la mère non requis pour le suivi de l'enfant. L'enquête nous révèle aussi, que l'audio-visuel (58%) constitue un obstacle majeur pour la pratique de la lecture (13%). Ce dernier chiffre alarmant dénote incontestablement le manque d'intérêt à la lecture.

1-Voir annexe IV
2- Dépouillement/Enquête socio-culturelle pp 92,94

Identité sociale

Lieu de résidence					
Haute ville	**20 %**		Ihaddaden	7 %
Plaine (Lekhmiss)	7 %		Sidi-Ahmed	9 %
Houma-Bvazine	2 %		Ighil-Ouazzoug	0 %
Quartier-Seghir	12 %		Université	5 %
4 Chemins	5 %		Tala-Hamza	**31 %**
Autre : (Tichy)	2 %			

Près d'un tiers des élèves sont issus de la banlieue, facteur géographique défavorable
quant au rendement pédagogique (Difficultés attribuées au manque d'encadrement)

Niveau d'instruction des parents ou tuteurs

Père			**Mère**		
Sans instruction	6 %		Sans instruction	10 %
Primaire	13 %		Primaire	20 %
Moyen	20 %		Moyen	25 %
Secondaire	25 %		Secondaire	**30 %**
Universitaire	**30 %**		Universitaire	12 %
Autodidacte	6 %		Autodidacte	3 %

Au vu des résultats, le niveau universitaire du père pour près d'un tiers des élèves n'est pas synonyme de suivi et de soutien scolaire dans la pratique de la langue française.

Langue utilisée entre camarades en milieu scolaire :	kabyle	**80 %**
	arabe dialectal	27 %
	français	**18 %**

Langue utilisée à la maison :	kabyle	**80 %**
	arabe dialectal	25 %
	français	**15 %**

L'usage d'une seule langue (kabyle) pour plus de trois quarts des élèves tant à la maison qu'en milieu scolaire (entre camarades) peut être un des éléments expliquant le faible niveau des élèves en français. Le niveau secondaire de la mère, pour la même tranche d'élèves, n'est probablement pas requis pour un tel suivi.

À priori, sur le plan didactique et au vu des résultats, pour la majorité des élèves, les dix années d'étude du français ne constituent pas nécessairement un facteur positif de rendement. Il est à noter également que les élèves qui rencontrent le plus de problèmes en français sont ceux qui sont issus de la banlieue. Ils attribuent leurs difficultés au manque d'encadrement durant leurs cursus scolaire.

Néanmoins, ce que l'on considère comme positif dans le processus d'apprentissage et qu'il convient de souligner ici, c'est que ces élèves ne rejettent pas la langue. De manière générale, ceux-ci attribuent plutôt leurs difficultés en langue, à des facteurs externes liés au programme qu'ils trouvent inintéressant, aux méthodes d'enseignement qu'ils considèrent comme inadaptées ainsi qu'aux moyens didactiques qui leur paraissent insuffisants.

Variables culturelles et pédagogiques

Nombre d'années d'étude du français | 9 ans | 20 % | | **10 ans** | **65%** | | 11 ans | 15 % |

Pour une bonne majorité des élèves, le facteur quantitatif (dix années d'étude du français) n'est pas nécessairement un facteur déterminant dans le rendement pédagogique.

Quels sont vos loisirs ?

Sport	40 %
Musique	**58 %**
Télévision	**56 %**

Internet	33 %
Lecture	**13 %**
Jeux	23 %

Emissions télévisuelles préférées

Documentaires	43 %
Emissions récréatives	15 %
Informations	33 %
Emissions sportives	25 %
Films	**66 %**

Votre lecture préférée

Romans	**20 %**
Revues	53 %
Journaux	**56 %**

L'impact négatif de l'audio-visuel sur la pratique de la lecture littéraire ne peut être ignoré. Cependant l'intérêt à la lecture de la presse peut être un moyen motivant pour développer les compétences de réceptivité du texte littéraire.

Selon vous vos difficultés en français peuvent s'expliquer par

- Programme non intéressant	**36 %**
- Méthode d'enseignement inadaptée	30 %
- Accumulation de lacunes	11 %
- Enseignement non assuré	16 %
- Problèmes relationnels avec l'enseignant	2 %
- Rejet de la langue	0 %
- Volume horaire insuffisant	20 %
- Manque de moyens didactiques	**35 %**

Les élèves attribuent « à juste titre » leurs difficultés en français aux programmes et aux méthodes d'enseignement inadaptées : le français devenu langue technique, dénué de son aspect culturel est un facteur démotivant dans la pratique de la lecture.

2. Essai d'identification des erreurs « récurrentes »

2.1 La pédagogie de l'erreur

Doit-on permettre aux élèves de faire des erreurs comme le proposent bien des pédagogues, ou faut-il au contraire organiser l'environnement, comme le préconise Skinner, de telle sorte que l'enfant ne fasse pas d'erreur (ce qui est effectivement possible avec un cours programmé correctement construit) ?

Les deux hypothèses ont leurs défenseurs. Pour Skinner, [1] il faut proposer de toutes petites étapes à l'apprenant. Les questions étant simples, l'apprenant réussira à chaque fois, et encouragé par son succès, continuera à se livrer à l'étude. Il suffira d'espacer progressivement les renforcements au cours du temps, pour que l'apprenant continue à apprendre et se contente, à terme, de renforcements de plus en plus espacés.

Pour d'autres théoriciens, en particulier pour les psychologues cognitivistes qui considèrent l'individu humain comme une vaste centrale de traitement de l'information, l'erreur fait partie du processus de traitement. C'est un événement normal dans une procédure complexe de résolution de problèmes, c'est éventuellement le symptôme d'un dysfonctionnement cognitif, ou tout simplement un état du processus de conceptualisation.

Du point de vue du formateur, elle permet d'identifier le ou les obstacles qui entravent le processus d'apprentissage. Le formateur et le formé peuvent rechercher les origines de l'erreur produite et trouver alors les corrections possibles. Il en résulte que la qualité du feedback offert à l'apprenant par l'environnement (le maître, les autres, les situations...) est déterminante de la réussite des apprentissages. Son renforcement est important dans la mesure où il fournit à l'élève des informations sur la qualité de sa réponse. Dans cette perspective, il n'est pas grave qu'il fasse des erreurs, à condition qu'il en soit rapidement informé, que l'erreur ne soit pas suivie d'une punition et qu'il ait les moyens de découvrir la bonne réponse.

1- RAYNAL. F & RIEUNIER., Pédagogie : « *dictionnaire des concepts clés* ».ESF Editeur.1997.

Pour les enseignants qui pratiquent une pédagogie différenciée, l'erreur, faisant apparaître les représentations et les stratégies cognitives des élèves, est indispensable. C'est à partir des erreurs des apprenants que l'enseignant peut effectuer des diagnostics et piloter les activités d'apprentissage dans des parcours différenciés.

2.2 Les types d'erreurs

La typologie d'erreurs que nous avons recueillie n'est certes pas exhaustive, mais nous avons simplement tenté, de relever et de classer un certain nombre de difficultés que l'on retrouve de manières fréquentes lors de la correction des copies. Notre étude a révélé que la plupart des erreurs proviennent de la méconnaissance du sens de certains mots et surtout du manque de connaissances nécessaires à l'établissement de chaînes de coréférence qui apparaissent à travers le cotexte discursif. D'autre part, ces erreurs dérivent également de carences dans la perception de l'implicite qui, dans bien des cas, ne fait pas seulement appel aux connaissances culturelles de l'élève mais aussi à son savoir encyclopédique,c'est-à-dire ses acquis antérieurs.

Notre corpus a révélé un certains nombre d'erreurs qui relèvent de la compétence linguistique voire celles qui touchent à l'orthographe, à la morphologie, à la syntaxe de la phrase et à la grammaire de texte.

2.2.1 Erreurs portant sur l'orthographe :

Savoir orthographier est une compétence qui se construit progressivement, non sans difficultés pour de nombreux élèves.
Dans ce domaine, les travaux de Nina Catach ont contribué à renouveler l'approche de l'orthographe en tant que discipline scolaire et trace des perspectives simples pour guider le travail des enseignants :
« *Une écriture comme la nôtre peut –être acquise de plusieurs façons, la plupart du temps complémentaires : la mémoire, la répétition (l'usage), la référence à l'étymologie ou à l'histoire enfin, par référence constante à la langue actuelle (la phonologie, la morphologie, la syntaxe, le lexique) ».[1]*

1- CATACH. N, *l'Orthographe,* Que sais-je, PUF, 1998. pp 94, 95.

Nous adopterons donc ici, la grille simplifiée [1] de N.Catach dans le relevé de notre typologie d'erreurs propre à l'orthographe. Trois catégories d'erreurs seront désignées : les phonogrammes, les morphogrammes et les logogrammes

- *Erreur sur le choix du phonographe*

Exemples :

« a » et « à »
« on » et « en »
« ou » et « où »
« est » et « et »

- *Emploi d'un phonogramme ne transcrivant pas le bon phonème*

Exemples :

« *la pravoure » / « la bravoure »
« *se dérole » / « se déroule »
« *Se réchouffe » / « se réchauffe »
«*présonnier » / « prisonnier »
«* la pétier » / « la pitié »
« *le hote » / « l'hôte »
« *une jour » / « un jour »
« * just » / « Juste »
« *Text » / « Texte »
« *Example » / « Exemple »

- *Erreurs sur les signes diacritiques*

Exemples :

« ou » et « où »
« a » et « à »

- *Erreur de phonogrammes dans les homophones*

Exemples :

« ce » et « se »
« s'est » et « c'est »
« moi » et « mois »

1- www.reunion.iufm.fr/TICE/houpert/Competences/ Analyser%20Production/Typologie/Typologie.htm

2.2.2 Erreurs portant sur la morphologie : [1]

Le dictionnaire de didactique définit la morphologie comme une partie de la linguistique qui a pour objet, l'étude de la forme et de la construction des morphèmes. Pour le français, il se dégage deux domaines distincts : la morphologie dérivationnelle, qui décrit les phénomènes d'affixation et de composition, ainsi que la morphologie flexionnelle ou de morphosyntaxe qui concerne :

- la variation en genre et en nombre de l'adjectif et du substantif (flexion nominale).
- La variation en personne, temps, mode et aspect des verbes (flexion verbale).

En didactique du F.L.E, il est important de faire apparaître à l'apprenant que les règles et les marques morphologiques de l'oral et de l'écrit, ne se recouvrent pas nécessairement. Cependant, il y a lieu de noter que certaines erreurs, dues au système français, sont communes à tous les apprenants quelle que soit leur langue maternelle : par exemples les formes verbales, les déterminants, les prépositions, le genre et le nombre. Erreurs dont la fréquence est, de plus, importante à l'écrit en raison de la spécificité du code.

- Erreurs grammaticales liées à la morphosyntaxe : oubli du morphogramme du féminin.

Exemples :
«*L'arrivé » « L'arrivée »
«*l'entré » « l'entrée »

- Nous avons relevé des erreurs relatives à la forme verbale : accord / désaccord en genre et en nombre.

Exemples :
« * la neige était tombé »   « la neige était tombée ».
« * Ils sont arrivé »   « ils sont arrivés ».
« * L'Arabe et Daru sont resté »   « L'Arabe et Daru sont restés ».
« * La terre était recroquevillé »   «La terre était recroquevillée ».

1-Dictionnaire de linguistique, Larousse, 1989. p326

- Au niveau des désinences verbales et de l'emploi des temps :

Exemples :
« * L'instituteur reçoi »   - « L'instituteur reçoit ».
« * L'instituteur revien »   - « L'instituteur revient ».
« * Les hommes qui monter vers lui »-«Les hommes qui montaient vers lui »
« * Il reçoit l'ordre de livré le prisonnier » - « Il reçoit l'ordre de livrer le prisonnier ».
« *Daru voyait les deux hommes arrivent » - « Daru voyait arriver les deux hommes ».
« *Daru observe les deux hommes qui vener vers lui » - « Daru observait les deux hommes qui venaient vers lui ».
« * Les autres le connaisse pas » - « Les autres ne le connaissent pas ».
« * La guerre d'Algérie   allé éclaté »- « La guerre d'Algérie allait éclater ».
« * Ils traverse la salle » - « Ils traversent la salle ».
« * Balducci été dure »- « Balducci était dur ».
« * Les trois hommes buvez du thé ».
«   Les trois hommes buvaient du thé ».

2.2.3 Erreurs de grammaire relevant de la phrase

Emploi d'éléments grammaticaux inadéquats dans le choix des adverbes ou des prépositions.

Exemples :
« * Il se sentait géné à la présence de son hote »
« Il se sentait gêné en la présence de son hôte ».
« * L'arrivé des deux hommes en mi-octobre »
« L'arrivée des deux hommes à la mi-octobre ».
« *Il avait pitié en lui »
« Il avait pitié de lui ».
« * Les événements se déroulent à les années 50 »
« Les événements se déroulent dans les années cinquante ».
« *Il avait gardé le prisonnier jusqu'à lendemin »
« Il avait gardé le prisonnier jusqu'au lendemain ».
« *Ils étaient proche l'un à l'autre »
« Ils étaient proche l'un de l'autre ».
 « * L'Arabe est le prisonnier de gendarme »
« L'Arabe est le prisonnier du gendarme ».
 «* A propos de prisonnier »
« À propos du prisonnier ».
« * L'instituteur du l'école »
 « L'instituteur de l'école ».
«* Les événements se passent dans la colonisation »
« Les événements se passent pendant la colonisation ».
«* Les événements se passent dans la guerre ».
 « Les événements se passent pendant la guerre ».
 « *Le lieu était vide dans cette époque »
« Le lieu était vide à cette époque ».
«* A cause du Daru »
« À cause de Daru »

- *Choix de l'auxiliaire :*

Exemples :
« *l'histoire n'a pas encore finit »
« L'histoire n'est pas encore finie ».
« * La fin du texte, elle injuste à cause du Daru il a rester seul »
« La fin du texte est injuste parce que Daru est resté seul ».

- *Omission ou terme en trop :*

Exemples :
Reprise systématique de la forme interrogative avec inversion du sujet dans une réponse affirmative.
« *Les événements se déroulent-ils dans un ordre chronologique »
« Les événements se déroulent dans un ordre chronologique ».
« *La relation existe –t-il entre ces personnages »
« La relation qui existe entre ces personnages… ».
« *La durée de l'intrigue, elle a duré… ».
« L'intrigue a duré… ».
« * L'action se passe à haut plateau désert de l'algérer »
« L'action se passe sur les hauts plateaux du désert algérien ».
« *Il sait pas »
« Il ne sait pas ».

2.2.4 Erreurs relevant de la grammaire de texte

- La cohérence textuelle

La relation existant entre les éléments d'une suite expressive est appelée : cohérence. «La *cohérence, (du latin cohaerere, être interdépendant), est une condition nécessaire à la réalisation du texte ».* [1]

1- BESSE. H et COSTE. D (1991), Linguistique textuelle et enseignement du français. Hatier/Didier p27

Un texte est cohérent lorsque les phrases s'enchaînent les unes aux autres grâce à des liens. Lorsque ces liens sont clairs, le message est plus facile à comprendre. Un texte est implicitement cohérent, quand la relation entre ses phrases est assurée par des signes de ponctuation. On parle aussi de cohérence explicite, lorsque celle-ci exige l'utilisation de connecteurs logiques.

Pour illustrer ces propos, nous avons donc choisi d'axer notre analyse sur le dernier item où il est demandé aux élèves de résumer le texte en une cinquantaine de mots. Mais avant de procéder à l'analyse, il convient de rappeler certains principes de base auquel doit répondre un résumé.

Pour résumer, l'apprenant doit prendre appui sur le modèle du texte et doit déterminer avec pertinence les éléments essentiels à retenir, compte tenu de leur signification et de leur organisation structurale.

Il doit également employer les procédés de réduction formelle qui lui permettront, à travers diverses transformations, d'assurer à la fois la contraction visée et une formulation différente. Enfin, pour assurer la condensation sémantico-formelle, l'apprenant doit appliquer les règles de réduction définies par SPRENGER-CHAROLLES[1]: « *effacement, intégration, construction et généralisation* ».

Parmi les erreurs ayant trait à la cohérence textuelle que nous avons inventoriées au niveau des résumés, nous retiendrons un certain nombre de difficultés portant sur les substitutions lexicales et grammaticales. Des difficultés au niveau de la cohésion interne du texte, la non maîtrise de la ponctuation, de la présentation graphique ainsi que des temps du récit. Pour illustrer ces différents cas d'erreurs, nous avons donc, pris de façon aléatoire, l'une des productions proposées.

1- SPRENGER- CHAROLLES., Le résumé de textes. In Pratiques n°26. 1980.

Exemples :

*« *Daru instituteur solitaire dans un coin tranquille, Balducci gendarme accompagnée d'un arabe qui avait tué son cousin partaient vers Daru pour que l'arabe soit livrer a Tinguit par Daru. Daru l'accompagna a moitié chemin compte a l'arabe alla se livrai seul. Menace de faire paye Daru de la part des frères de l'arabe* ».

Cette production d'élève qui pose déjà au départ des problèmes d'intelligibilité et de lisibilité, présente aussi des difficultés liées à la cohérence textuelle.
-Nous notons une mauvaise organisation du texte tant au niveau de la présentation que de la ponctuation (Phrases trop longues, non ponctuées).
- Nous notons également, des erreurs liées à l'orthographe et aux temps verbaux. Il s'agit d'un texte narratif donc, il y a nécessité d'employer les temps du récit
- Il y a un manque de cohésion entre les phrases. Elles sont juxtaposées et ne comportent pas d'indices linguistiques.
-La chronologie des événements, ne comporte pas non plus d'indices temporels.
-Certains mots sont tantôt omis et tantôt en trop.
-Nous constatons aussi des difficultés au niveau de la progression thématique et la méconnaissance des réseaux co-référentiels : procédés permettant d'éviter les reprises comme les anaphores ou cataphores grammaticales ou lexicales.

2.3 Erreurs lexico-sémantiques

Quand on parle de la compréhension en langue étrangère, on pense souvent aux difficultés associées à la méconnaissance d'un certain vocabulaire de la langue que l'on apprend. Il est reconnu toutefois, que l'ignorance du sens de certains mots n'est pas dans la plupart des cas, un handicap insurmontable pour la saisie du sens du texte car pour élucider les difficultés on peut aussi prendre appui sur le cotexte.

Les exemples d'erreurs lexico-sémantiques que nous avons identifiés sur les copies de nos élèves, sont dues, le plus souvent, à des confusions dans le sens que véhicule un mot. En effet, nous nous sommes rendus compte que nos élèves, s'appuient peu ou ne s'appuient pas du tout sur le cotexte pour lever les ambiguïtés des termes polysémiques ou inconnus.

Au niveau de la compréhension de la nouvelle « L'Hôte », nous avons relevé parmi les réponses par exemple que, pour certains élèves, les noms « Tadjid » et « El Ameur » qui désignent des noms de lieux, sont identifiés comme étant des personnages participant à l'action. Pourtant, les indices qui se trouvaient dans le texte leur permettaient largement de lever cette ambiguïté. Exemples : [1]
« Heureusement, la camionnette de Tadjid, le village le plus proche au nord avait apporté le ravitaillement ». Et en Page 2, « Balducci cria : une heure pour faire les trois km d'El Ameur ici ! ». Ou encore lorsque Balducci dit à Daru : « Je vais retourner à El Ameur ».

Le second exemple auquel nous nous référerons portera sur la désignation du prisonnier algérien par le terme « L'Arabe ». A la question n°10 pourquoi « l'Arabe » n'est-il pas désigné par son nom ? La plupart des apprenants ont répondu : « ce n'était qu'un simple prisonnier c'est un personnage secondaire, sans aucune importance ».

Nous constatons encore une fois, que les élèves n'ont pas vu à quel point ce terme était chargé de sens. À travers l'emploi de ce terme général « l'Arabe », il y a d'abord la volonté de l'auteur de faire référence aux algériens « les autochtones », ce qui est un acte idéologique. De plus, dans le contexte colonial comme le cite T. Bouguerra : « Nommer c'est montrer, c'est donner une existence, or l'une des constantes du colonialisme est de nier justement, l'existence de l'autochtone ». [2]

En outre, le signifiant « Arabe » dénote de préjugés racistes, d'intentions péjoratives et du mépris du colonisateur à l'égard de « l'autre » c'est-à-dire le colonisé qui est considéré comme un être inférieur et qui est même assimilé à un animal (cf. page 3 de la nouvelle, Balducci s'adressant à Daru: « on m'a dit de te confier ce zèbre »).

1-Cf pp 1 & 2 de la nouvelle : L'Hôte, en annexe I
2- BOUGUERRA. T, Op. Cit. p 50.

Aussi, le non-dit Arabe/ animal se double de significations dévalorisantes exprimées à travers la fureur et la cruauté de « l'Arabe ». *« Il a tué son cousin ...d'un coup de serpe. Tu sais, comme au mouton, zic !... ».*

Comme on le voit dans ces exemples, la méconnaissance et la polysémie de certains mots peut jouer bien des tours aux apprenants. Il semble donc nécessaire de les sensibiliser sur ce point.

2.4 Erreurs relevant de la compétence culturelle

Les aspects culturels ou socio-culturels qui conditionnent bien souvent une partie du sens, ne sont pas souvent perceptibles et peuvent se présenter d'une manière implicite. Pour Francine Cicurel, dans « Lectures interactives », [1] la non compréhension d'un texte peut être liée à :

-L'allusion à un événement inconnu ou non reconnu (un événement historique constitutif de l'identité nationale qui est décrit mais non désigné explicitement par exemple). *À cet effet, nous avons relevé dans notre étude, qu'à la question n° 17 où, il est demandé d'expliquer le rapport entre le lieu de l'action et l'époque où elle se déroule, nous nous sommes rendus compte que les élèves associent systématiquement la date de parution de l'œuvre : 1957 à l'époque du déroulement du récit. Et ils confondent aussi l'époque coloniale avec la guerre de libération nationale. Alors que l'association d'un certain nombre d'indices dans le texte pouvait leur permettre de situer approximativement l'époque.*

Ces indices sont : «Les premiers jours de l'arrivée de l'instituteur, après la guerre. Il avait demandé un poste dans la petite ville au pied des contreforts qui séparent du désert les hauts plateaux ».[2] Là, on fait allusion à la deuxième guerre mondiale (39/ 45), ce que les élèves n'ont pourtant pas vu.

« Ça bouge, parait-il. On parle de révolte prochaine Nous sommes mobilisés, dans un sens ..., à la guerre, on fait tous les métiers dit Balducci... « J'attendrais la déclaration de la guerre ». « S'ils se soulèvent, personne n'est à l'abri ».[3] Là, par contre, il est fait allusion au début du déclenchement de la guerre de libération (1954).

1-CICUREL. F. Op. Cit. pp. 148/149.
2-voir annexe I, p5
3-1bid pp. 3, 4

Donc, par déduction on peut dire que les événements se déroulent dans les années 50, peu avant le déclenchement de la guerre.

- La description d'une structure sociale caractéristique de la société, essentielle pour comprendre l'organisation des relations des personnages d'un récit. Là aussi, au niveau des items 9&10, on peut voir le lien existant entre les différents personnages, c'est-à-dire la relation dominant/dominé colonisateur/ colonisé. Ce qui n'a pas été saisi par la plupart des élèves.

- Des expressions elliptiques qui comptent sur le savoir encyclopédique du lecteur qui doit lui-même déduire les implications entre deux éléments. Voir l'item 19. Les élèves qui ont répondu à cette question ont eu du mal à construire leur argumentation.

- La référence à des usages sociaux spécifiques. Dans l'hôte, la présence de « l'Arabe » amène l'instituteur à être confronté, au problème de la dignité humaine : *« Le crime imbécile de cet homme le révoltait, mais le livrer était contraire à l'honneur : d'y penser le rendait fou d'humiliation ».* [1] On retrouve aussi dans ce récit parmi les valeurs, le développement de la solidarité et du sens de l'hospitalité.

À travers cette nouvelle, nous avons voulu en fait, amener nos apprenants, à développer une lecture active, qui leur permettra par conséquent, d'accéder à un sens pluriel du texte c'est-à-dire que nous voulions les amener à aller d'un niveau de compréhension explicite vers un niveau de compréhension implicite. Cependant, cette analyse nous a permis de constater que l'implicite que véhicule un texte littéraire, pose d'énormes problèmes à nos élèves.

1-Voir annexe I, p8.

CONCLUSION

CONCLUSION

Il serait abusif de prétendre qu'au terme de ce projet, tous les aspects pédagogiques que pose le texte littéraire soient décrits et tous les problèmes que pose son enseignement soient résolus. Par ce travail, nous avons voulu avant tout, susciter chez nos apprenants une certaine motivation pour lire et comprendre les textes longs. Nous avons voulu aussi susciter en eux le plaisir de découvrir par eux-mêmes, le mode d'organisation et de fonctionnement des textes authentiques à caractère littéraire. Saisir également, que l'événement, n'est pas pure narration. Le récit en fait, est un genre composite qui inclut les éléments narratifs certes, mais aussi des éléments descriptifs, des éléments du discours et un éventuel commentaire du narrateur. Lire le texte littéraire sous la forme narrative exigera que l'on identifie ces différentes composantes, que l'on apprécie leur part respective, pour en percevoir l'effet global de sens. À travers cette nouvelle enfin, nous avons voulu amener nos apprenants, à développer une lecture plurielle qui ne se limite pas seulement à un niveau de compréhension explicite mais qui tienne compte aussi du niveau de compréhension implicite. Cependant, il apparaît que cette activité de lecture du texte littéraire est encore loin d'être maîtrisée par bon nombre d'entre eux.

Aussi, on ne peut prétendre à une activité de compréhension de documents écrits, sans faire allusion à l'activité de lecture. Pour J.Giasson, [1] l'enseignement du français langue étrangère, situe la lecture comme un phénomène complexe dans lequel intervient le texte en tant que message produit par un scripteur mais dans lequel joue également une (re)construction du (des) sens par le lecteur en fonction de ses connaissances préalables, linguistiques, mais aussi extra-linguistiques, de ce qu'il cherche à atteindre par la lecture du texte en question.

L'inventaire des différents types d'erreurs que nous avons dressé au cours de notre analyse, nous a confirmé que l'activité qui concerne la compréhension de l'écrit d'une manière générale, pose beaucoup de problèmes aux élèves. Et, ces difficultés sont d'autant plus grandes lorsque nous passons de supports textuels courts aux supports plus longs.

1- GIASSON. J., (2005), la compréhension en lecture, Editeur De BOECK UNIVERSITE p 29

Aussi, celles que nous avons identifiées relèvent de différents ordres :
- Des déficits des traitements de bas niveaux liés au code écrit.
- Des déficits spécifiques au traitement du texte écrit liés à la mauvaise régulation de la lecture. Ce qui par conséquent, fait obstacle à la compréhension de l'explicite du texte.
- Des déficits généraux liés aux capacités de compréhension et de l'interprétation de l'implicite du texte.

Cependant, il faut savoir que les erreurs ne sont pas des inconvénients inséparables du processus d'apprentissage. Elles sont en effet la preuve que l'apprenant est entrain de faire fonctionner son interlangue. Elles reflètent une compétence linguistique transitoire, qui correspond à un moment de l'apprentissage entre les énoncés « fautifs » et l'expression juste.

L'étude portant sur l'analyse des réponses, a relevé que nos apprenants mettent en œuvre des modalités de traitements de textes inadéquates. Ils traitent par exemple, chacune des phrases du texte comme isolées et ne tiennent pas compte de l'interdépendance des différents éléments que compose le texte. Si les élèves butent sur des obstacles liés à l'organisation textuelle c'est souvent, parce qu'ils connaissent mal la syntaxe et les procédés par lesquels les phrases sont articulées entre elles.

Au plan lexical, lorsque l'apprenant se trouve devant un nombre trop élevé d'unités à traiter, il ne parvient pas à transformer les indices du texte en trame sémantique. Il est donc raisonnable, de donner à l'apprenant avant la lecture une pré-information sur le thème afin que les indices reconnues puissent converger vers la saisie du sens du texte.

Par ailleurs, l'analyse a permis de relever aussi que les élèves faibles confondent la lecture compréhension avec une simple recherche d'information sollicitée par un questionnaire. Ce qui par conséquent, réduit leur niveau de compréhension à un simple repérage d'informations utiles pourtant, aux éventuelles réponses des questions qui suivent. Cependant, celles-ci sont peu ou parfois même, non exploitées par les apprenants.

Pour mieux cerner le profil de nos élèves, le questionnaire [1] « Êtes-vous un bon lecteur ? » qui a suivi le test de compréhension nous a apporté quelques éléments de réponse quant aux difficultés rencontrées dans la compréhension de texte lesquelles sont essentiellement liées à un manque notoire de lecture de textes littéraires. En effet, il apparaît que les élèves ont une forte tendance à la lecture de la presse qui est une lecture relativement facile pour eux. De même que nous avons relevé que les stratégies adoptées par ces élèves dans leur lecture, manquent de diversité et de recherche approfondie.

Dans la lecture compréhension, l'attention doit être attirée sur les activités de prélèvement d'indices linguistiques disponibles dans le texte (indices marquant la cohésion, la cohérence des énoncés, la temporalité, etc.). Les connaissances préalables peuvent aider à interpréter ces indices à condition toutefois, qu'elles soient mobilisées par le lecteur. Le repérage des différents modes de désignation des personnages, dans des textes de plus en plus longs, permet aux élèves de comprendre leur rôle et leur importance dans l'établissement de la cohésion du texte.

Pour tenir compte à la fois, des processus de saisie de sens et des difficultés particulières aux apprenants de langue étrangère, on peut dégager quelques principes pour l'élaboration d'une méthodologie d'accès au sens :

Il convient donc de mettre sans cesse l'apprenant dans une situation active où il est amené à mobiliser toutes les ressources dont il dispose c'est-à-dire, rechercher des indices, élaborer des hypothèses et relever des éléments significatifs.

Pour ce qui est du lexique, l'enseignant ne doit pas hésiter à expliquer les ternes difficiles mais il faut savoir que la compréhension d'une langue n'est pas liée aux décodages d'une suite de mots mais à la perception des relations qui existent entre ces termes. Le mot donc, peut être compris en fonction du contexte linguistique, grâce à l'usage du dictionnaire ou même parfois, par référence à un élément non linguistique telle que l'image par exemple.

1- Cf Questionnaire en annexe III.

Au niveau du culturel, il s'agit d'inciter les enseignants à prendre davantage compte dans leur pratique de classe, de ces différents aspects qu'ils relèvent des pratiques sociales ou qu'ils tiennent de valeurs propres à la culture étrangère. Cela parce que d'une part, on ne peut dissocier l'enseignement d'une langue de sa culture. Et, d'autre part, parce que les éléments culturels sont présents à des degrés divers dans tous les textes et font partie des éléments référentiels à expliciter. Il faut prendre en compte le regard que l'on porte sur la culture de l'autre. Parce qu'en définitive, l'objectif principal de l'enseignement / apprentissage d'une langue, est de rendre l'élève capable de communiquer en langue étrangère dans des situations adaptées et culturellement marquées.

En guise de conclusion, on dira que lire un texte littéraire dans une classe de langue est un projet qui séduit certes, mais c'est une activité qui, dans notre contexte scolaire pose, comme nous l'avons déjà cité, d'énormes problèmes au niveau de la compréhension de l'écrit.

Il apparaît clairement que les difficultés des élèves sont essentiellement dues à l'inadéquation des programmes et des méthodes avec la pratique de la langue : le français devenu langue technique dénué de culture, est un facteur démotivant pour la réceptivité du texte littéraire.

Aussi, il importe que les enseignants de langue, élaborent des stratégies pédagogiques qui permettent aux élèves de mieux appréhender le sens de ce type de textes.

Une telle activité, n'a de sens pédagogique que si elle est étroitement liée à une conception nouvelle des programmes de l'enseignement du français. La nouvelle approche, doit prendre ses fondements dans la langue source, avec ses principaux aspects culturels et civilisationnels.

BIBLIOGRAPHIE

BIBLIOGRAPHIE

ADAM, J.M., (1994),
Le texte narratif, Nathan Université.

BAILLY, D., (1998),
« *Les mots de la didactique des langues, le cas de l'anglais* »,
Gap, Ophrys.

BARTHES, R.,(1973),
Le plaisir du texte, Paris, Seuil.

BESSE, H., et COSTE, D., (1991),
Linguistique textuelle et enseignement du français, Hatier / Didier.

BESSE, H., et GALISSON, R., (1980),
Polémique en didactique : du renouveau en question,
Paris, Clé International.

BOUGUERRA, T., (1991),
Didactique du français, langue étrangère dans le secondaire algérien,
Editions O.P.U., Alger.

BOUGUERRA, T., (1989),
Le dit et le non-dit, à propos de l'Algérie et de l'Algérien chez
Albert Camus, Editions O.P.U., Alger.

CAMUS, A., (1957),
« L'Hôte », Nouvelle extraite de : L'Exil et le Royaume,
Editions Gallimard.

CATACH, N., (1998),
L'Orthographe, Que sais-je, Presse Universitaire de France.

CHERRAD-BENCHEFRA, Y., QUEFFELEC, A., DERRADJI, Y.,
DEBOV, V., SMAALI-DEKDOUK, D., (2002),
Le français en Algérie : lexique et dynamique des langues, Duculot.

CICUREL, F., (1991),
Lectures interactives, Hachette.

CICUREL, F., *(1983),*
« *Lecture de la nouvelle* », Le Français dans le monde, n° 176,
Hachette Larousse.

COSTE, D., (1978),
« *Lecture et compétence de communication* »
in le français dans le monde, n°141.

COSTE, D.*, (2001),*
De plus d'une langue à d'autres encore, penser les compétences
plurilingues, dans CASTELLOTI, V., D'une langue à d'autres :
Pratiques et représentations, Publications de l'Université de Rouen.

CRAHAY, M., (1999),
Psychologie de l'éducation, Paris, Publication Universitaire de France.

CUQ, J.P., (1992),
« Contacts de langues, contact de didactique ? De la politique
linguistique aux choix méthodologiques en Algérie », Lidil, n°6.

DABENE, L., (1994),
Repères sociolinguistiques pour l'enseignement des langues,
Éditions Hachette.

DE LANDSHEERE, G., (1979),
Dictionnaire de l'évaluation et de la recherche en éducation.

DE SALINS, G.D., (1998),
« *L'ethnographie de la communication :*
quel apport pour l'enseignement du FLE ? », Cahiers pédagogiques.

D'HAINAUT, L., (1985),
Des fins aux objectifs de l'éducation, Bruxelles, Labor,
cité par Raynal, F., & Rieunier, A.,
Pédagogie, dictionnaire des concepts clés, ESF éditeur, 2001.

GALISON, R., (1980),
Lignes de force du renouveau actuel en didactique
des langues étrangères.

GERMAIN, C., et NETTEN, J., (2004),
*La précision et l'aisance en FLE / FL2 : définitions, types
et implications pédagogiques*, *Cahiers du français contemporain.*

GIASSON. J., (2005),
La compréhension en lecture, Editeur De Boeck Université.

GODENNE, R., (1974),
« *La nouvelle française* »,
Presse Universitaire de France.

LITTLE, D., (2004),
Conférence: « *Teacher autonomy : its definition and implementation* ».
La définition de l'autonomie a été traduite par Germain, C. & Netten, J.
« Facteurs de développement de l'autonomie en FLE/FLS »,
Apprentissage des langues et systèmes d'information
et de communication, Alcic, vol 7.

MARTINEZ, P., (1996),
La didactique des langues étrangères,
Paris, Publication Universitaire de France.

MEIRIEU, P., (1987),
Apprendre...oui, mais comment ? Editions ESF.

MINDER, M., (1983),
Didactique fonctionnelle : objectifs, stratégie, évaluation,
Edition H. Dessain.

MOIRAND, S., (1979),
Situations d'écrit, Paris, CLE International.

MOIRAND, S., (1980),
Enseigner à communiquer en langue étrangère, Editions Hachette.

MORSLY, D., (1984),
« *La langue étrangère : réflexion sur le statut de la langue française en Algérie* », Le Français dans le monde, n°189.

PENDAUX, M., (1998),
Les activités d'apprentissage en classe de langue, Hachette F.L.E.

PERRENOUD, P., (1999),
Dix nouvelles compétences pour enseigner, Paris, ESF

PORCHER, L., (1994),
« *Evaluation, régulation, optimisation* ». *Les cahiers de l'Asdifle.*

RAYNAL, F., & RIEUNIER, A., (1997),
Pédagogie *: « dictionnaire des concepts clés* » Editeur ESF.

SPRENGER- CHAROLLES, (1980),
Le résumé de textes, In Pratiques, n°26.

TARDIF. J., (1992),
Pour un enseignement stratégique : l'apport de la psychologie cognitive, Montréal, Editions Logiques.

TAGLIANTE, C., (1994),
La classe de langue, CLE International, Paris.

VIAU, R., (1997),
La motivation en contexte scolaire, Bruxelles,
De Boeck Université, 2°éd.

VIGOTSKI, L., (1934),
Pensée et langage, 1934, trad.franç.1985, Edit. Sociales / Messidor,
cité par Raynal, F., & Rieunier, A*., Pédagogie, dictionnaire des concepts clés*, ESF éditeur, 2001.

ZARATE.G., (1998),
Citée dans le Guide pédagogique : Que voulez-vous dire ? Compétence culturelle et stratégies didactiques, Duculot.

Ouvrages généraux

Dictionnaire de didactique du FLE/FLS, Paris, CLE International, 2003.

Dictionnaire de l'évaluation et de la recherche en éducation, PUF, 1979

Dictionnaire de linguistique, Larousse, 1989.

Dictionnaire des concepts clés, ESF éditeur, 2001.

Dictionnaire encyclopédique Microsoft Encarta 97.

Dictionnaire, Petit Larousse, 1997.

« Conférence Nationale sur l'Arabisation, 14 Mai 1975 », article publié par Révolution Africaine, n°588.

Direction de l'enseignement secondaire général, *Document d'accompagnement du professeur,* Mars 2005.

Direction de l'enseignement secondaire général, *Programme de première année secondaire*, Mars 2005.

Direction de l'enseignement secondaire, *Programme de français 3ème A.S*, Mai 1993.

Direction de l'enseignement secondaire général, *Programmes de français 1°,2°,3° A.S,* 1995.

Direction de l'enseignement secondaire général, *« L'unité didactique, dispositions pratiques »,* Texte diffusé en 1978 par Mr MALTI, Inspecteur de la Pédagogie.

Direction de l'enseignement secondaire général, *« La pédagogie de projets »,* Programme de français, (2ème langue étrangère), Editions O.N.P.S Alger, 1999.

Guide pédagogique, Lisons fûté, stratégies de lecture, Duculot, 1998.

Le français dans le monde : *« Algérie : un système éducatif en mouvement »* Novembre – Décembre 2003 n°330.

PISA /OCDE, 2001, Protic3 :
Profil de compétences des apprenants en compréhension de l'écrit

Quotidien d'informations français « L'Humanité »,
édition du 21 Octobre 2002.

Sites internet

http://www.lef.upn.mx/ub/d361/d361a4.doc

www.reunion.iufm.fr/TICE/houpert/Competences/Analyser%20Product

ion/Typologie/Typologie.htm

http://www.unige.ch/fapse/SSE/groups/life/livres/alpha/T/Tardif_1992_A.html

http://www.uned.es/ca-tudela/revista/n001/art_8.htm

Printed by Books on Demand GmbH, Norderstedt / Germany